톱프로 톱레슨

톱프로 톱레슨

편저자 **송하칠**

고려대학교 졸업.
20여 년 간 아시안 투어를 비롯해 각종 국내외 골프 토너먼트 현장을 취재해 왔다.
또한 국내 최초로 신문에 골프기사를 정례화했으며,『실전 골프』,『레드베터 골프
특강』,『레드베터 역학 스윙』,『프로 골퍼 진기명기』,『스타로부터 한 수』,
『그레그 노먼의 레벨업 골프』 등 수많은 포인트 레슨을 매일경제신문에 연재했다.
현재 매일경제신문사 체육부장으로 재직중이며, 매일경제TV(MBN · 채널20)『비
즈니스골프』 프로그램 진행을 맡고 있다.

우리 시대 최고의 스타에게 배우는 골프의 핵심

톱프로 톱레슨

초판 1쇄 발행 2000년 6월 10일
초판 3쇄 발행 2000년 11월 27일
편저자 | 송하칠
발행인 | 양동현
발행처 | 아카데미북
등록 | 제 13-493호
주소 | 서울시 성북구 동소문동4가 152-1 청기와빌라 303호
　　　대표전화 02)927-2345
　　　팩시밀리 02)927-3199
　　　E-MAIL : academybook @ hanmail.net

지은이와의 협의하에 인지는 붙이지 않습니다.
ⓒ 송하칠, 2000
ISBN 89-87567-60-5 14690

톱프로 톱레슨

TOP PRO
TOP LESSON

송하칠 편저 (매일경제신문사 체육부장)

아카데미북

■ 저자의 글

골프가 유난히 잘되는 날이 있다. 이런 날은 굳이 골프를 신사의 게임, 매너의 스포츠라고 강조하지 않아도 모든 것이 잘 돌아간다. 그러나 불행하게도 골프는 잘되는 날보다 그렇지 않을 때가 더 많다. 잘나가던 골프가 갑자기 엉망이 되는 날에도 동요하지 않고 라운드를 계속할 수 있을까? 만약 그런 사람이 있다면 솔직히 골프를 아직 잘 모르거나, 포기했거나, 골프장에 나올 수 있다는 것만으로도 다행이라고 생각하는 고령자 정도일 것이다. 따라서 골프가 즐거우려면 뭐니뭐니해도 스코어가 좋아야 한다. 물론 좋은 스코어를 지키려면 스윙이 좋아야 하고 아울러 게임 운영 능력도 따라 줘야 함은 당연하다.

이 책은 바로 보다 즐거운 골프를 하기 위한 작은 지침서다. 월드 스타 반열에 오른 유명 프로 골퍼들이 피땀을 흘리면서 터득한 테크닉의 정수를 모은 것이다.

모든 분야가 그렇듯이 골프 역시 이론적 기초가 중요하다. 문제가 생겼을 때 스스로 처방이 가능할 뿐만 아니라 레슨 받을 때도 습득 속도가 빠르기 때문이다. 그러나 성질 급하기로 유명한 이 땅의 골퍼들은 이런 충고에 별 관심이 없다. 그저 빨리 모든 것을 한순간에 해치우려고

한다. 특히 전문 서적을 읽는 데 인색하다. 그래서 골프 관련 서적은 아무리 잘 만들어도 베스트셀러 대열에 오르지 못한다. 몸으로 직접 부딪쳐야 직성이 풀리는 우리 골퍼들의 특성 때문일까. 하지만 견고한 스윙은 이론적 기초가 병행되어야 가능하다.

주변에 골프 좀 친다는 사람들을 보면 그만한 이유가 있다. 연습장에서 땀을 흘리는 것은 물론이고, 신문에 연재되는 포인트 레슨 또는 관련 서적이나 비디오 테이프 등을 보는 데 상당한 시간을 할애하는 것이다.

그러나 아무리 잘 꾸며진 책이라도 오래 보는 것은 지루하다. 그럴 때는 잠시 팽개쳐 두었다가 한가할 때 다시 들춰 보면 된다. 마치 외국어를 습득하는 과정처럼 골프는 늘 생활의 일부가 될 수 있을 때 견고해진다. 보다 나은 골프를 원하는 중상급자는 물론 오랜 구력에도 불구하고 기량이 제자리걸음인 골퍼들에게 일독을 권한다.

2000년 초여름

송 하 칠 (E-mail : shcgolf@mk.co.kr)

CONTENTS

CONTENTS

CONTENTS

THE SWING

스 윙

세베 바예스테로스

　1957년, 스페인 페드레나에서 태어난 세베는 가장 창조적인 샷 메이커로 격찬 받는 선수이다. 농부의 아들로 태어났지만 당대의 정상급 골퍼인 삼촌 라몬 소타에게서 어려서부터 골프를 배웠다. 형 마뉴엘이 어린 세베에게 3번 아이언을 짧게 잘라 만들어 준 것이 계기가 되어 세베는 부와 명예를 함께 얻게 되는 영광의 길로 들어서게 되었다. 그 뒤 몇 년 동안 그는 집에서 가까운 해변에서 자갈과 낡은 볼들을 치며 실력을 닦았다. 1970년대 중반부터 최고의 경지에 오른 그는 세계 곳곳에서 우승을 휩쓸며 1984년 세인트 앤드류스에서 열린 브리티시 오픈에서 우승하며 절정에 올랐다. 세베는 골프 기량뿐만 아니라 사람 됨됨이도 으뜸이다. 라이더컵 유럽 팀의 주장이었고 브리티시 오픈 우승자이기도 한 토니 잭클린은, "그는 위대한 골퍼일뿐만 아니라 위대한 인간이다. 그를 친구라고 부를 수 있는 것이 자랑스럽다."고 세베를 칭송했을 정도다.

우측 사이드를 못으로 박듯이 고정하라

　스윙의 각 요소 가운데 가장 어려운 것이 백 스윙이다. 백 스윙은 투수가 볼을 던지기 위해 와인드업 하는 것과 같은 현상으로, 태엽을 감듯이 몸을 감았다가 풀어 주는 힘으로 볼을 치는 것이다. 따라서 충분히 몸을 감아 주기 위해서는 태엽이 고정된 축이 있듯이 몸의 우측 사이드를 완전히 고정해 주어야 한다. 세베의 드라이브 티 샷이나 페어웨이에서의 롱 아이언 샷의 열쇠는, 모든 것이 셋 업된 다음 우측 엉덩이가 지면에 못으로 박혀 있다고 상상하는 것이다. 세베가 제시하는 "우측 사이드를 못으로 박듯이 고정하라."는 백 스윙시 오른쪽과 오른손이 왼팔의 움직임을 자연스럽게 따라가 완벽한 회전이 이루어지도록 하는 데 있다. 특히 드라이브 샷이나 페어웨이에서 멀리 보내야 할 때 오른쪽 엉덩이를 고정시킨다면 의도한 거리를 낼 수 있다. 이 말은 스웨이(상체가 좌우 또는 상하로 움직이는 것)를 방지해 힘의 분산을 막고 견고한 스윙 궤도를 유지할 수 있다는 점에서다. 따라서 세베는 백 스윙시 오른쪽 엉덩이 움직임이 2인치를 넘지 말라고 강조한다. 늘 거리가 떨어진다고 느낀 사람은, 아주 단순한 테크닉 같지만 세베의 이 한 수를 익히면 당장 효과가 있을 것이다.

피터 멕에보이

1953년 런던에서 출생한 그는 간단히 말해서 동시대에 가장 훌륭한 영국의 아마추어 골퍼이다. 1977년과 1978년 2년 연속 영국 아마추어 챔피언에 오른 그는 지금까지 다섯 차례의 워커컵에서 모든 명성을 거머쥐었다. 아직도 아마추어 골퍼로 활약하고 있는 그는 영국의 첼튼에서 광고 회사를 경영하고 있으며, 프로가 되지 않은 가장 실력 있는 골퍼로 세계에서 인정받고 있다.

키 포인트

드로우 볼은 클럽을 오픈시켜야 한다

아마추어 골퍼의 99퍼센트는 커트 볼, 즉 마구잡이로 공을 친다는 것이 피터 멕에보이의 지적이다. 그 가운데에서 가장 흔히 볼 수 있는 잘못의 하나가 어드레스 때 미리 클럽 페이스를 닫는 것이다. 즉, 클럽 헤드가 바깥쪽에서 안쪽으로 내려오며 볼을 깎아 친다. 보통 아마추어 골퍼들이 셋 업 하는 것을 보면 대부분 클럽의 끝(토우 부분)을 볼의 안쪽으로 대는 것을 볼 수 있다. 다시 말하면 클럽페이스가 클로즈되어 좌측을 향하게 된다는 뜻이다. 이에 대해 피터 멕에보이는 다소 상반된 해결책을 제시한다. 즉, 슬라이스를 유발하는 사이드 핀이 아닌 혹 스핀이 걸리게 하려면 어드레스 때 타깃의 우측을 향해 볼을 친다는 느낌이 들 정도로 클럽 페이스를 오픈하되, 임팩트 순간 페이스를 닫으라고 조언한다. 다시 말해 오른 손잡이의 경우 시계 문자판 6시 방향에서 9시(그림상으로는 3시 방향) 방향으로 공을 치는 순간에 클럽 페이스를 닫아 주면 된다는 것이다. 사실 닫아 준다기보다 스윙에 맡겨 그냥 지나가면 되는 것이다. 이 연습은 볼이 우측에서 좌측으로 날아가게 하는 혹 스핀을 줄 수 있도록 손을 훈련시켜 준다. 멕에보이는 이 방법이 일반적인 교습 방식과는 상반되는 것이지만 놀랍게도 슬라이스가 교정된다고 말한다.

토니 잭클린

1944년 영국에서 출생한 잭클린의 골프 경력을 보면, 화려한 시작과 눈부신 마감 사이에 깊은 슬럼프가 있었다. 그는 1969년 로얄 리덤에서 열린 브리티시 오픈 챔피언에 올랐고, 11개월 뒤에 US 오픈마저 우승하며 명성을 얻었다. 그는 쇠퇴기를 맞을 때까지 14번의 유럽 투어에서 우승했는데, 퍼팅 난조와 여러 가지 불운한 일들이 겹쳐지지 않았다면 더 많은 우승을 거두었을 것이다. 사람들에게서 잊혀져 가던 그는 라이더컵 유럽 팀의 주장을 맡아 1989년 양 팀이 동률을 이루게 될 때까지 1985년과 1987년 유럽 팀이 승리를 거두게 함으로써 다시 한 번 빛을 발하고 은퇴했다.

오른쪽 구두 밑에 볼을 끼우고 연습하라

대부분 아마추어 골퍼들의 문제점은 백 스윙시 몸이 회전하지 않고 오른쪽으로 밀려난다는 것이다. 이는 체중 이동의 개념을 바로 이해하지 못하고 체중이 오른쪽으로 갔다가 다운 스윙시 다시 왼쪽으로 이동한다는 단순한 생각에서 비롯된다. 이것이 골퍼들 사이에서 흔히 이야기되는 스웨이 현상이다. 이 점에 대해서 토니 잭클린은, "이런 문제가 있다고 느낄 때 최선의 치료법은 연습 스윙을 할 때 오른발 밑에 볼을 하나 끼워 넣고 평상시와 같이 스윙을 해 보라."고 지적한다. 이렇게 하면 볼이 발의 바깥쪽으로 체중이 나가지 못하게 받쳐 주어서 오른쪽 사이드가 바깥으로 밀리는 것을 막아 준다는 것이다. 양발에 볼을 끼우고 연습하는 모습도 볼 수 있는데 이는 체중을 몸의 한가운데로 집결시키는 훈련이다. 어떤 프로는 체중 이동의 개념을, 백 스윙시에는 몸의 오른쪽 사이드가 축을 이루어 주고 다운 스윙시에는 왼쪽 사이드가 축이 된다고 설명하기도 한다.

잭 니클로스

1940년 미국 오하이오 주 컬럼버스에서 출생한 황금 곰 잭은 1962년 US 오픈 타이틀을 차지함으로써 화려하게 프로 생활을 시작했다. 그는 코스 설계에 전념하기 이전까지 3번의 브리티시 오픈을 비롯하여 17번의 메이저 타이틀을 차지했다. 골프 역사상 가장 위대한 골퍼인 그에 대한 평가는, 모든 이들, 심지어는 그를 비판하는 이들까지도 골프 경기에서 볼 수 있었던 가장 강한 경쟁자로서 잭을 가리키는 데 논란의 여지가 없다. '제왕', '오하이오의 황금 곰' 등은 그의 현란한 업적을 표현하는 애칭이다. 한 마디로 불세출의 대 스타이며 이 시대 골프계의 살아 있는 전설이다.

드로우 볼을 치려면 머리를 고정하라

코스를 공략하다 보면 스트레이트 구질만으로는 의도한 곳으로 볼을 보내기 어려울 때가 있다. 즉, 왼쪽 또는 오른쪽으로 휘는 볼을 쳐야만 공략하기 쉬운 홀들이 있기 때문이다. 이 가운데 오른쪽에서 왼쪽으로 휘어지는 드로우 샷은 어떤 구질보다 거리가 많이 나기 때문에 의도한 방향으로 보내는 데는 물론 거리 면에서도 유리하다. 또 보다 낮은 핸디캡을 갖기 위해서는 드로우 볼쯤은 구사할 수 있어야 한다. 세계 유명 선수 가운데 특히 잭 니클로스의 드로우 볼은 환상적이다. 그가 제시하는 간단하면서도 효과적인 드로우 볼 테크닉을 소개한다.

그는 어드레스 때 머리를 볼 뒤에 고정시키는 것이 드로우 볼의 첫째 조건이라고 조언한다. 테이크 어웨이 직전에 턱을 오른쪽으로 돌리는 니클로스 특유의 스타일(친백)을 기억하면 이해하기 쉬울 것이다. 두 번째는 최대의 집중력이 필요하다. 즉 임팩트 직전까지 머리를 볼 뒤에 고정시킨다고 의식하면 그림처럼 손보다 클럽 헤드가 볼에 먼저 접촉하게 되는 굿 히트가 된다. 볼을 우측에서 좌측으로 휘게 하는 드로우 볼 구사가 잘되지 않는다면 잭의 충고를 따라 보는 것이 좋을 듯싶다.

아놀드 파머

1929년 미국 펜실바니아에서 태어난 그는 1950년대의 골프계에 혜성같이 나타나 특유의 공격적인 스타일을 앞세워 숱한 라이벌들을 제치고 스타덤에 올랐다. 3번의 마스터스, 2번의 브리티시 오픈과 US 오픈의 우승자인 그는 시니어 투어에서도 인기를 모으고 있으며, 미국 스포츠계에서 최고의 부를 누리는 사람 가운데 하나다. 아울러 수많은 골프 코스 설계 업적 외에도 그는, 자신의 힘으로 마이너 스포츠였던 골프를 오늘날과 같이 인기 있는 대중 스포츠로 부상시켰다. 그의 경쟁자인 잭 니클로스는, "모든 프로들은 그들이 달러를 벌 때마다 1달러씩 파머에게 줘야 한다. 이것이 우리가 그에게 지고 있는 빚이다."라고 말하면서 그의 업적을 칭송하고 있다.

백 스윙을 짧게 하라

아놀드 파머의 공격적인 스타일은 모든 샷에서 특유의 하이 피니시 자세에서 잘 나타나고 있다. 고령의 나이에도 불구하고 시니어 투어에서 보여 주는 그의 스윙은 짧은 백 스윙과, 백 스윙보다 길게 폴로 스루가 이어지는 완전한 풀 스윙을 보여 주고 있다.

언젠가 파머는 절대로 한순간도 스윙을 늦추거나 방심하지 말라고 강조하면서, 임팩트 순간에 볼을 치는 과정은 골프 스윙의 반밖에 지나지 않는다고 말했다. 임팩트에서 멈추지 않고 끝까지 피니시하는 것이 중요하다는 것이다. 그는 항상, 어떤 클럽을 잡든 미스 샷을 하고 싶지 않으면 백 스윙을 작게 해야 한다고 주장한다. 백 스윙이 작으면 저절로 폴로 스루도 작아지지만 전체 스윙 리듬에서 볼 때는 완전한 풀 스윙이 이루어지는 것이다. 백 스윙이 작으면 파워를 보상하려는 본능이 작용하여 피니시가 끝까지 이루어지는 효과도 있다. 또한 임팩트 뒤에 클럽 헤드의 힘이 떨어지면서 생길 수 있는 미스 샷도 방지된다. 현대 스윙 이론과는 다소 동떨어진다고 생각할 수 있지만 파머는 간결한, 즉 컴팩트한 스윙을 강조한 것이다.

벤 크렌쇼

　1952년 미국 텍사스 주에서 태어난 크렌쇼는 '젠틀 벤'이라고 불릴 만큼 매사에 모범적인 선수다. 때문에 1984년, 그에게는 유일한 메이저 타이틀인 마스터스에서 우승했을 때는 골프계뿐만 아니라 동료 선수들도 경의를 보일 만큼 최고의 인기를 누렸다. 텍사스 출신 프로로서 이름을 날린 이는 많지 않았던 것처럼, 그는 텍사스 출신은 메이저 대회에서 우승하지 못한다는 징크스를 종식시켰다. 1973년 프로로 데뷔 이후 오랫동안 미국 PGA 무대에서 명성을 날린 선수 가운데 한 사람인 그는 골프 역사 연구와 수집가로도 잘 알려져 있다.

원통 속에서 회전한다고 생각하라

　벤 크렌쇼는 거리와 의도한 방향성을 유지하기 위해서는 그립과 스탠스 못지 않게 중요한 것이 몸통 회전이라고 강조한다. 그러나 몸통 회전을 그저 백 스윙할 때 어깨를 돌리는 것쯤으로 생각하는 사람이 많다는 게 크렌쇼의 지적이다. 크렌쇼는 올바른 몸통 회전은 참나무통을 쓰러뜨리지 않고 돌리는 것과 같다고 설명한다. 즉, 참나무통 안에서 디딤대를 무너뜨리지 않고 매끄럽게 피벗이 이뤄져야 한다는 것이다.

　이 말은 양팔로만 클럽을 휘두르지 말고 백 스윙에서 피니시까지 몸통 회전이 이루어져야 함을 뜻한다. 스윙은 간단할수록 좋다고 하지만 몸통 회전 과정을 무시하고 생략하라는 것이 아니다. 토핑이나 악성 슬라이스 등은 바로 몸통 회전을 무시하고 성급하게 팔로만 스윙을 주도하려는 데서 비롯되기 때문이다. 따라서 스윙의 끝은 통을 끝까지 돌리는 것이라고 생각하면 이해하기 쉽고 또 구질도 크게 좋아질 것이다. 위 그림을 참조하면서 크렌쇼의 가르침을 머리 속으로 그려 보라.

이안 우즈넘

　1958년 영국 태생인 이안 우즈넘은 154cm의 작은 키에도 불구하고 1991년 마스터스 우승을 비롯, 유럽 투어에서 정상을 지켜 온 초일류 선수이다. 한 마디로 골프에 타고난 재주를 지녔다는 평을 받고 있는데, 간결한 스윙과 뛰어난 힘, 그리고 집중력은 독보적이라 할 만하다. 그도 프로 데뷔 초기에는 기대만큼 성과를 거두지 못했으며 많은 시행 착오와 좌절을 겪기도 했다. 그러나 언젠가는 골프사의 한 페이지를 자기 몫으로 만들겠다는 무서운 집념으로 일어섰고, 결국 세계가 알아주는 월드 스타 대열에 들어선, 외형 그대로의 "작은 거인"이다.

키 포인트

머리 고정은 양발 모듬 연습으로

　아마추어는 물론 프로들도 가장 힘들게 여기는 것 가운데 하나가 스윙 중 머리 고정이다. 따라서 골프를 배울 때 가장 많이 지적 받는 것이 머리 부분이다. 그러나 대부분의 아마추어들은 생각보다 많이 머리를 움직이고 있음을 알지 못한다. 스윙 중에는 잘 느끼지 못하기 때문이다. 하지만 옆에서 지켜보는 코치들은 미스 샷의 원인이 바로 머리를 많이 움직였기 때문이라고 지적한다. 이 말은, 결국 머리만 덜 움직이면 굿 샷이 보장된다는 뜻이다. 이에 대해 이안 우즈넘은 간단한 교정 방법을 제시한다.

　그림처럼 두 발을 가지런히 모으고 공을 쳐 보는 것이다. 이 연습은 스웨이를 체크하는 방법이기도 한데, 우선 공이 똑바로 날아가는 걸 알 수 있다. 머리, 즉 스윙 축이 흔들리지 않으니 공이 똑바로 갈 수밖에 없다. 6~7번 아이언으로 당장 시험해 보고 확신이 오면 몸에 배도록 연습하라.

SLOW

폴 웨이

1963년 영국 미들 섹스에서 태어난 폴 웨이는 여러 면에서 불가사의한 인물이다. 1985년 PGA 선수권 대회를 비롯해 세 차례 유럽 투어 정상에 올랐고, 1983년과 1985년 라이더컵 유럽 대표까지 지낼 정도로 화려한 기록이 있으면서도 일반인에게는 잊혀져 있다는 점이다. 한동안 성적이 거의 없었지만, 젊은 나이에 이룬 화려한 성적은 그가 마음만 먹으면 무엇이든지 성취할 수 있는 능력의 소유자라는 걸 보여 준다. 토니 잭클린은 그를 가리켜 골프로 대성할 수 있는 재능의 소유자이며, 그것은 폴 웨이 자신에게 달려 있다고 말한 바 있다.

천천히… 천천히… 천천히…

처음 클럽을 잡는 날부터 무덤에 들어가며 클럽을 놓을 때까지 듣는 말이 '천천히 - 이'다. 아무리 천천히 하겠다고 결심하고도 티잉 그라운드에 서서 눈앞에 펼쳐진 페어웨이를 보는 순간 번개처럼 스윙이 끝나 버린다. 이것은 성급한 테이크 어웨이에서 비롯된 잘못된 스윙이다. 천천히 테이크 어웨이(백 스윙의 시작)하는 것이 얼마나 중요한가는 아무리 강조해도 부족하다. 정확하게 히팅이 되지 않고 구질 역시 좌충우돌로 고민하는 사람은 폴 웨이가 제시하는 '슬로 · 슬로 · 슬로'가 최상의 해결책이 될 것이다.

그는, 특유의 리듬을 만드는 것이 첫째 조건이라고 말한다. 즉, 일정한 리듬이 없기 때문에 클럽을 번쩍 들어올리게 되는데, 샷할 때마다 특유의 반사적 리듬을 갖게 되면 이 문제가 자연스럽게 해결된다. 문제는, 어떻게 하면 계속해서 천천히 반복할 수 있는 방법을 찾느냐는 것이다. 그는, 우선 몸을 정지하지 않고 항상 움직여 주는 것이 좋은 방법이라고 조언한다. 닉 팔도 같은 유명 선수들도 특유의 움직임으로 테이크 어웨이 리듬을 끌어내는데, 그 이유는 정지된 상태일수록 리듬을 만들기가 어렵기 때문이다. 그러나 세베 바예스테로스 같은 예외적인 선수도 있다. 하지만 세베 역시 정지해 있는 듯 보이지만 실제는 나름대로 리듬을 갖고 있다.

유명 선수들의 테이크 어웨이를 관찰해 자신에게 맞는 것을 찾는 것도 방법 가운데 하나다. 아마추어들의 스윙이 대체로 빠르다고 지적 받는 것은 바로 성급한 테이크 어웨이 때문이다.

밥 토런스

스코틀랜드 락스 출신의 전 클럽 프로였던 밥 토런스는 이제 세계에서 가장 유명한 지도자 가운데 하나로 이름을 날리고 있다. 라이더컵의 스타인 샘 토런스의 아버지인 그는 거의 모든 유럽 투어를 쫓아다니며 연습장에서 문하생들의 스윙을 날카롭게 지적한다고 한다. 그는 결점을 즉각 찾아내고 즉석에서 교정하는 뛰어난 능력을 가지고 있다.

하체로 스윙하라

체중을 왼쪽에서 오른쪽으로, 그리고 오른쪽에서 왼쪽으로 이동할 수만 있다면 골프 스윙의 절반은 완성된 셈이다. 그런데도 초보자들은 이 체중 이동이 쉽지 않다. 체중 이동은 몸의 균형과 스웨이 등 많은 문제점을 야기할 수도 있지만, 정확하게 할 수 있다면 팔로만 볼을 치는 스윙보다 비거리나 방향성 모든 것이 좋아진다. 밥 토런스는 이 점에 있어서 골퍼들에게 왼쪽 발가락 끝에서 오른발 뒤꿈치로, 그리고 오른발 끝에서 왼발 뒤꿈치로 체중 이동 연습을 하게 한다. 그리고 또 백 스윙 톱에서 왼쪽 무릎이 볼을 향해 있게 하고, 볼을 칠 때는 오른쪽 무릎이 볼을 향하게 하는 방법을 조언한다. 스윙을 할 때 히프 아래쪽, 즉 하체가 제대로 움직여 주지 않는다면 모든 부분이 잘못된다. 밥 토런스는 스윙은 히프 아래쪽에서 시작되고 끝난다고 말한다. 하체의 이동만 제대로 해준다면 다른 다섯 가지가 잘못되었다고 해도 볼은 잘 나가게 되어 있다.

댄 홀더슨

1952년 캐나다에서 태어난 홀더슨은 최초로 미국 PGA 투어에 참가한 캐나다 선수로, 캐나다 골프계의 대표적인 인물이다. 골프 코스 근처에서 자라 자연스럽게 골프를 접하게 되었고, 어려서부터 집 뒤뜰에 드라이빙 레인지를 만들어 연습할 정도로 열성적이었다.

미국 투어의 프로 자격을 얻은 최초의 캐나다인이었던 그는, 1980년 펩시콜라 오픈에서 우승했고, 짐 닐포드와 한 팀을 이루어 월드컵에서 우승하며 1980년대에 이름을 떨쳤다. 1986년에 데이브 바와 함께 조를 이루어 또 한 번 월드컵 트로피를 캐나다에 안겨 주었으며, '올해의 캐나다 선수' 에 두 번씩이나 선정되기도 했다.

외줄 타기를 연상하라

프로와 아마추어, 싱글 핸디 캐퍼와 비기너의 차이 중 쉽게 눈에 띄는 것이 몸의 밸런스다. 즉, 스윙이 끝난 뒤 흐트러짐 없는 프로들의 피니시와 달리 대부분의 아마추어들은 밸런스가 무너져 앞뒤로 몸이 쏠리기 때문이다. 코스에서 흔히 경험하지만, 밸런스가 무너진 샷은 십중팔구 방향과 거리에서 엉망이 되고 만다.

이를 교정하기 위한 방법으로, 댄 홀더슨은, 발뒤꿈치와 측면을 이용해 팽팽한 줄 위를 걸어간다고 상상하면서 볼을 치는 연습을 하라고 조언한다. 이때 중요한 것은 오른발로 스탠스 폭을 맞춰야 한다는 것. 예를 들어 롱 샷을 해야 한다면 스탠스를 그만큼 넓혀야 한다. 그러나 지적했듯이 밸런스를 몸에 배게 하는 데는 앞서 말한 방법으로 평소 충분히 연습하는 길밖에 없다. 일반 골퍼들에게 볼 없이 스윙하라면 곧잘 하지만, 실제 볼을 놓고 쳐 보라고 하면 다시 노틀담의 꼽추 같은 흉한 모습이 되는 것은 바로 균형이 몸에 배지 않았기 때문이다. 그림처럼 발뒤꿈치와 측면으로 외줄 위에서 볼을 친다는 기분으로 스윙해 보라. 서서히 밸런스가 좋아질 것이다.

게리 플레이어

 1935년 남아프리카공화국 요하네스버그에서 태어난 게리 플레이어는 무려 100여 차례나 각종 대회에서 우승한 골프계의 살아 있는 신화다. 따라서 골프사가들은, 골프의 존재는 바로 그의 존재를 의미한다고까지 말한다.

 40여 년 이상 선수 생활을 하면서 특히 많은 여행을 즐긴 것도 그의 특징이다. 3번의 브리티시 오픈과 3번의 마스터스, 그리고 2번의 PGA 선수권 대회와 US 오픈을 포함하여 9번의 메이저 대회의 우승자이기도 하다. 또한 건강 관리에 철두철미해서 40년 전의 체중을 지금까지도 유지하고 있다. 무엇보다 오늘의 그가 있기까지는, 남들이 무어라고 하든 목표만을 향해 매진하는 무서운 집념이 있었기 때문이다.

왼손을 던지지 말고 끌어내려라

 "백 스윙 톱에서 다운 스윙으로 이어질 때 왼팔을 당기는 기분을 갖도록 하라."는 게리 플레이어의 조언은 볼 방향과 임팩트 파워를 결정짓는 핵심 요소이다. 그렇지만 톱에서 던진다는 느낌은 아니다. 왼팔을 끌어 내리는 것과 던지는 것은 다르기 때문이다.

 왼손을 끌어 내리게 되면 볼을 자연히 안에서 칠 수 있다. 즉, 오른손이 주도해 볼을 치는 슬라이스성 타격이 아니라, 왼손으로 클럽을 던져 주는 굿 히트를 말한다. 또한 왼손을 끌어 내리는 동작이 잘되면 체중을 왼쪽으로 옮기는 것도 자연스럽게 이루어진다. 이 동작은 결국 흔들림 없는 폴로 스루로 이어져 군더더기 없는 견고한 스윙을 만들어 준다.

2ND
1
2

코리 페이빈

콧수염이 인상적인 페이빈은 1959년 캘리포니아 태생으로 80년대 초기 먼저 유럽 투어에 뛰어들어 자신만의 독특한 골프 커리어를 쌓아 갔다. 유럽 진출 1년이 채 안 된 시기에 독일 오픈에서 우승했고, 다시 미국 투어에 합류해서 동시대 최고의 공격적 게임을 한다는 명성을 얻게 되었다. 1991년, 상금 왕과 올해의 선수상을 받았고 1992년에는 혼다 클래식에서 우승함으로써 미국 투어 10승째를 올렸다. 1994년 LA 오픈에 이어 1995년에는 당당히 US 오픈 정상에 올라 메이저 선수 대열에 들어섰다. 그 해 밀리언달러 챌린지 우승 등으로 엄청난 상금을 챙겼으며, 지금까지도 위세가 이어지고 있다. 우드로 핀을 겨냥할 정도로 정확도가 뛰어난 샷이 일품이다.

키 포인트

하나 – 둘의 리듬

스윙에서 가장 중요한 것은 아무래도 템포와 리듬일 것이다. 스윙이 빠르거나 지나치게 느린 것은 바로 템포와 리듬의 백치 현상을 의미한다.

코리 페이빈이 작달만한 체격으로도 투어 무대를 종횡 무진할 수 있는 원동력은 바로 템포와 리듬이 좋은 스윙 때문이다. 아마 골퍼들이 일정한 템포와 좋은 리듬을 갖는 일은 쉽지 않다. 어쩌다 필드에 나가는 주말 골퍼들은 일정한 템포와 리듬을 유지히기 이렵다. 심하면 매 스윙마다 템포와 리듬이 변한다는 것을 스스로도 느낄 것이다. 이 점에 대해서 코리 페이빈은, 고전적이지만, 백 스윙을 할 때 하나, 다운 스윙을 할 때 둘을 세는 카운트 방법을 제시한다. 그는 토너먼트에서 플레이할 때 연습 스윙을 하며 백 스윙 톱에서 정지한다. 그리고 마음속으로 하나를 세고 다운 스윙을 시작하며 둘을 세며 스루 스윙한다. 그러나 아마 골퍼들의 경우 게임에 너무 빠져들거나 흥분하면 이를 순식간에 잃어버리므로, 늘 마음속으로 '하나 - 둘'을 세는 습관이 배게 하라고 말한다.

번개같이 빠른 백 스윙은 역시 빠른 다운 스윙을 유발한다. 결과는 볼을 클럽 페이스에 제대로 맞추기 어려울 뿐 아니라 거리 및 방향도 형편없음은 뻔한 이치다. 겨울철 내내 쉬었다가 오랜만에 볼을 칠 때 마치 초보자 같은 황당한 구질이 나오는 것은 바로 템포와 리듬을 잃어버렸기 때문이다. 이때는 당황하지 말고 페이빈처럼 리듬 있게 '하나 둘'을 세면서 가볍게 스윙해 보라.

크리스티 오코너 주니어

1948년 아일랜드 길웨이 태생으로, 아일랜드의 전설적인 골퍼 크리스티 오코너 시니어의 조카이다. 주니어는 골프 코스에서의 재능보다는 음악가로서의 재능을 더 인정받았으며, 화려한 스타일보다는 꾸준한 선수로 알려졌다. 1989년 벨프리에서 열렸던 라이더컵 대회 중 18번 홀에서 2번 아이언으로 핀에 3피트까지 볼을 붙여 놓음으로써 미국의 프레드 커플스를 제압해 파란을 일으켰다.

키 포인트

어깨 회전 - 오른쪽 힙을 이용하라

대부분의 미스 샷은 잘못된 그립과 스탠스 외에 결정적으로 어깨 회전이 안 되는 데 있다. 즉, 어깨가 돌아가지 않고는 스윙이 되지 않기 때문이다. 특히 겨울철에 오래 쉬었나가 다시 클럽을 잡을 때 잘 안 되는 것이 어깨 회전이다.

어깨가 제대로 돌아갔는지 확인하려면 다운 스윙 바로 전 왼쪽 어깨가 턱밑에 와 있는지 체크하면 된다. 그렇다고 어깨만 무리하게 돌린다고 되는 것은 아니다. 자칫 조화를 이루지 못해 어깨와 팔이 따로 움직일 수 있기 때문이다. 많은 사람들이 손과 팔만 돌리는 잘못 때문에 이 부분이 어렵다고 하는 것이다.

크리스티 오코너 주니어는 이런 잘못을 해결하는 방법으로 우선 테이크 어웨이할 때 오른쪽 엉덩이를 이용하라고 조언한다. 마치 오른쪽 포켓을 손으로 끌듯이 움직여 주면 손과 팔이 아닌 몸 전체가 부드럽게 움직인다. 이때 두 다리도 뻣뻣하게 두지 말고 함께 움직여야 한다. 그러나 엉덩이를 움직이면서 몸이 스웨이되도록 해서는 안 된다. 손과 팔로 무조건 멀리 치겠다고 벼르는 스타일이 아닌지 자신의 스윙을 점검해 보라. 공을 치는 것이 아니라 클럽이 지나가면 그뿐이다.

샌디 라일

1958년 영국과 웨일스의 경계인 쉐로우스버리에서 태어난 라일은 자신이 언제나 스코틀랜드 골퍼임을 강조한다. 프로 골퍼의 아들로 태어난 그는 세 살 때부터 클럽을 잡았고, 타고난 드라이브 샷의 파워는 모든 이들을 놀라게 한다. 라일은 16년간의 프로 생활 끝에 1985년 로얄 세인트 조지에서 열린 브리티시 오픈에서 우승하며 영국의 국가적 영웅으로 떠올랐다. 1979년 이후 3번이나 유럽 최고의 골퍼로 선정되었으며, 세계 각처에서 우승을 거두며 동시대 최고의 두뇌 플레이어로 인정받았다. 1988년에 최초로 마스터스를 우승한 영국 골퍼가 됐고, 1992년의 볼보 마스터스 우승은 프로가 된 뒤 그의 28번째 우승이었다.

왼발 뒤꿈치가 볼을 향하게

골프 스윙을 무도회에서 춤추는 것과 비교하면 이해하기 쉬운 부분이 있다. 왈츠를 출 때 스텝이 흐트러지면 다음 동작이 어렵고 몸의 균형을 잃게 된다. 스윙 역시 볼에 대해 발의 위치가 잘못되면 다음 동작이 어색해지고 서투르게 진행될 수밖에 없다.

샌디 라일은 각자의 성향과 골프채에 따라 조금씩 차이가 있지만 왼발 뒤꿈치를 볼을 향해 두도록 조언한다. 조그만 차이라도 발 위치가 잘못되면 볼의 방향은 크게 달라지기 때문이다. 그럼이나 스윙 전체에 큰 문제가 없어 보여도 방향에 문제가 있다면 발의 위치를 점검해 보라는 게 샌디 라일의 주문이다.

발의 위치를 바르게 설정한 뒤에는 상반신 형태도 살펴보아야 한다. 발의 위치에 신경 쓰다 보면 상체가 지나치게 굽어 있는지 모르기 때문이다. 또 습관적으로 등을 굽힌 채 어드레스하는 골퍼들도 적지 않다. 준비 자세를 잘해 놓고도 막판에 샷을 망치지 않으려면 등을 볼 쪽으로 너무 굽히지 않도록 하라.

데이비드 레드베터

긴 설명이 필요 없는 금세기 최고의 골프 교습가이다. 투어 선수가 되지는 못했지만 닉 팔도, 어니 엘스 등 세계적 선수들이 그의 해박한 이론과 뛰어난 레슨으로 정상을 지키고 있다. 특히 닉 팔도를 세계 최강으로 끌어올리면서 진가를 발휘해 이제 세계 곳곳에 레드베터 골프 아카데미가 붐을 이루고 있다. 미국 플로리다 주에 있는 그의 골프 스쿨에는 유명 선수들은 물론 미래의 스타를 꿈꾸는 훈련생들로 붐비고 있는데, 미국 LPGA 투어 진출 2년만에 8승을 올린 박세리 역시 레드베터의 지도를 받았다.

배꼽으로 스윙하라

아마추어는 물론이고 프로들까지 어설픈 어깨 회전 때문에 늘 고민한다. 프로들이 거울 앞에서 어깨 회전을 점검하는 모습을 흔히 볼 수 있는 것도 이 때문이다. 더구나 겨울 내내 쉬었다가 코스에 나갔을 때 겪는 가장 큰 문제 역시 어깨 회전 부족일 것이다. 어떻게 하면 어깨를 효율적으로 돌릴 수 있을까.

이 문제에 관해서는 레드베터의 배꼽 회전법이 최고이다. 즉 어깨 회전의 출발점은 배꼽이라는 것이다. 배꼽이 도는 데 어깨가 남아 있을 리 없기 때문이다.

레드베터는, 연습 방법으로 그립 끝이 배꼽에 닿도록 손을 그립 아래로 내려 잡고 테이크 어웨이를 시도해 보라고 주문한다. 평소 손이나 팔로 골프채를 치켜올리는 사람일지라도 이런 상태에서는 손과 팔로 클럽을 들어올릴 수 없게 된다. 그립 끝을 배꼽에 대고 테이크 어웨이를 시도하면 자연히 손 팔 어깨가 삼각형을 이루면서 함께 움직이게 된다.

이런 원리를 이해하고 연습해 보라. 상체가 탄력 있게 꼬이는 몸통 회전이 이루어질 것이다.

토니 잭클린

　1944년 영국 태생인 토니 잭클린은 한마디로 가장 화려한 출발과 영광스런 은퇴를 경험한 60년대 유럽 최고의 골퍼다. 1969년 브리티시 오픈에 이어 US 오픈까지 석권해 최고의 명성을 누렸다. 70년대에 들어서 긴 슬럼프에 빠져 그의 이름이 잊혀지는 듯했으나 1985년과 1987년 라이더컵에서 뛰어난 기량으로 미국을 누름으로써 명성을 되찾고 화려하게 퇴진한 불세출의 골퍼다.

80~85%의 힘만으로 샷하라

　골프가 힘으로만 된다면 역도 선수나 프로 레슬러가 최고일 것이다. 그러나 골프에서는 지나친 힘이 언제나 문제가 된다. 대부분의 아마추어들은 힘으로 후려치려는 본능적 충동을 억제하지 못하기 때문에 샷을 망치게 된다. 힘이 너무 없어서도 곤란하지만 골프에서는 자신의 힘 중 80~85%만 사용하라는 게 토니 잭클린의 지론이다. 이 말은 바로, 스트로크는 힘이 아니라 스윙에 의한 것임을 뜻한다. 볼을 좀 더 멀리 보내겠다는 욕심에 힘을 주었을 경우 결과는 불을 보듯 뻔하다. 십중팔구는 슬라이스나 훅 등 악성 구질로 수습하기 어려운 상황을 맞을 뿐이다.

　기회일 때나 혹은 위기일 때도 80~85%의 힘으로만 스윙하면 보장과 해결책이 나온다. 한 예로 토니 잭클린은 69년 로열 리담에서 열린 브리티시 오픈 마지막 날 우승을 눈앞에 두고 마지막으로 강력한 드라이브 샷 모습을 보여 주고 싶었다. 그러나 히트 욕구를 자제하고 스윙으로 가볍게 볼을 목표 지점에 보냄으로써 끝까지 페이스를 지킬 수 있었다. 경기 직후 잭 니클로스가 "당신의 마지막 샷이 가장 훌륭했다."고 평했을 정도이다.

SLOW AND SLOW

마이크 하우드

　1959년 호주 시드니 태생인, 마르고 큰 키의 하우드는 두둑한 배짱과 야망으로 유럽 투어에서 인기를 모았던 선수이다. 그는 욕망이나 자신감이 시들어 버린 사람처럼 보일 만큼 교묘하게 느린 스윙을 가지고 있다. 1986년부터 유러피언 투어에 합류해 유럽 PGA 선수권을 비롯해 볼보 마스터스, 유럽 오픈을 휩쓰는 등 한동안 최정상을 지켜 왔다. 큰 키임에도 불구하고 경기 스타일은 섬세하다는 평을 받고 있다.

테이크 어웨이 때 클럽을 수평 이동하라

　어깨 회전, 몸통 회전에 지나치게 신경 쓰다 보면 테이크 어웨이 때 골프채를 너무 뒤로 빼드는 경우가 있다. 지나친 업 라이트와 대조적인 경우다. 두 경우 모두 바람직스럽지 않은 형태다. 이 문제에 대해 콜린 몽고메리도 비슷한 조언을 했지만 호주의 톱 프로 마이크 하우드는 볼이 나갈 방향과 수평으로 가상의 선을 그어 선을 따라 골프채를 뒤로 움직이라고 주문한다. 특히 성급하게 골프채를 낚아채는 스타일의 골퍼들은 무조건 하우드의 주문을 익히는 것이 스코어를 줄이는 지름길이다.

　볼을 아무 데나 내던지듯 하지 않고 보다 정교하게 목표 방향으로 보내려면 샷할 때마다 이를 염두에 두어야 한다. 한 예로 스탠스를 취할 때 볼에서 한 발자국 뒤로 물러서서 어느 지점까지 끌어 줄 것인가를 미리 설정하고 골프채를 한 번 이동시켜 본 뒤 실제 테이크 어웨이를 하는 것이다. 이때 주의할 점은, 억지로 골프채를 핸들링하려 해서는 안 된다는 것. 그림처럼 천천히 여유 있게 목표 지점까지 끌어 주면서 톱으로 연결시켜야 한다.

이안 우즈넘

이안 우즈넘에 대해서는 앞서 설명했으니 이번에는 그의 말을 전한다.

"나는 우승하거나 우승의 가능성이 클 때를 대부분 예감한다. 단순한 느낌이지만 느낌이 강하며, 이런 경우 보통은 게임이 아주 잘 풀린다. 아쉬운 것은, 어떻게 해야 이런 느낌을 갖게 되느냐는 것이다."

스윙에 리듬을 가져라

그가 아마추어 골프들에게 즐겨 하는 말은 정확한 리듬과 템포를 지키라는 것이다. 만일 자신의 옳은 템포가 무엇인지 모른다면 다음의 두 가지를 시도해 보라고 권유한다. 진 사라젠이 오래 전에 스윙하던 필름을 보거나, 아니면 이 시대 최고의 템포를 가지고 있는 닉 팔도의 스윙을 보는 것. 그들의 스윙은 너무 빠르지도 않고 그렇다고 느리지도 않으며 이 때문에 그들의 변함없는 스윙의 일관성이 유지된다고 이안 우즈넘은 말한다.

골프에서 리듬감과 템포를 유지하는 일은 마치 낚시를 하러 가기 위해서 낚싯대를 준비하는 것만큼이나 중요하다. 스윙에 있어 리듬을 가지기 위해서는 항상 자신의 육체와 정신의 템포를 유지하도록 하자.

맥스 포크너

    1916년 영국 벡스힐 태생으로, 성격이 괴팍하기로 유명한 기인 골퍼이다. 1951년 북 아일랜드 로열 포트러시에서 열린 브리티시 오픈에서 우승하면서 명성을 얻기 시작했다.

    최초로 다양한 색깔의 골프 복장을 착용해 눈길을 끌었고, 단 한 번도 통일된 세트 클럽을 사용해 본 적이 없는 열정적인 엔터테이너였다. 무려 300개의 퍼터를 소유한 퍼터 수집광이기도 하다.

드로우성 구질이 한층 효과적

    앞서 많은 스타 플레이어가 강조했지만 볼을 힘으로 치려고 하면 할수록 오류는 더 커지게 마련이다. 따라서 두 자릿수 핸디 캐퍼들이 볼을 인 사이드로 치는 것은 거의 볼 수가 없다. 대부분 골퍼들은 대충 스탠스에 아웃 사이드로 가파른 각도에서 볼을 치기 때문이다. 여기에 거리와 방향을 힘으로 해결하려는 성향 때문에 심한 사이드 스핀이 걸리거나 푸시가 돼 악성 슬라이스를 유발한다. 그렇다면 어떻게 일관성 있는 구질을 유지할 것인가.

    영국의 맥스 포크너는 우선 백 스윙과 다운 스윙 아크가 약간 인 사이드로 이루어지도록 조언한다. 이 말은 인사이드 - 인 궤도를 의미하기도 하지만, 일정한 자신만의 구질을 가져야 한다는 뜻으로도 통한다. 언제나 스트레이트 구질이란 있을 수 없고 또 목표를 효과적으로 공략할 수 없기 때문이다. 따라서 현실적인 방법으로 대응하라는 것이다. 예를 들어, 그림처럼 약간 안쪽으로 휘는 구질로 목표를 공략할 수 있다면 일관성과 효율성을 동시에 갖게 된다.

로저 데이비스

1951년 호주 시드니 태생으로, 가난에서 부를 이루었다가 실패하고 다시 재기하여 부를 쌓은 기복 많은 선수였다. 1980년대 초 유럽 투어에서 은퇴한 그는 호주로 돌아가 호텔 사업을 하였으나 실패했다. 무일푼이 되어 어쩔 수 없이 다시 투어에 뛰어든 그는 복귀 후 이전보다 더 좋은 게임을 하며 다시 백만장자가 되었다. 메이저 대회 우승의 기록은 없지만 그는 분명히 상위권의 골퍼로 활동하고 있으며, 전 세계를 돌며 통산 20승을 올렸다.

레이트 히트가 장타 비결

아마추어의 흔한 결점 가운데 하나가 양쪽 다리를 올바르게 사용하지 못하는 것이다. 이는 체중을 효율적으로 이동하지 못함을 뜻한다. 특히 장타 비결로 많은 방법들이 거론되지만, 로저 데이비스는 양쪽 다리를 어떻게 활용하느냐에 달려 있다고 말한다. 손이 늦게 움직여 몸통을 따라 돌면서 볼에 접근하는 레이트 히트의 과정이기 때문이다.

웨일스의 작은 거인 이안 우즈넘은 단신에도 불구하고 능란하게 체중을 이동해 완성한 레이트 히트로 엄청난 힘을 끌어낸다. 프로들이 샷할 때 커다란 디봇이 생기는 이유는 신속하게 체중을 옮겨 레이트 히트를 하기 때문이다. 반면 아마추어들은 양쪽 다리로 체중을 이동하지 못하기 때문에 볼을 밑에서 떠올려 치는 경우가 대부분이다.

이에 로저 데이비스는 다운 스윙 때 그림처럼 왼쪽 무릎을 목표 방향으로 돌려 주라고 조언한다. 이 동작이 제대로 되려면 백 스윙 때 체중이 오른발로 이동해야 함은 물론이다. 특히 훌륭한 레이트 히트를 완성하려면 임팩트 때 체중의 90%가 발 앞쪽으로 옮겨져야 한다.

피터 콜맨

투어 선수가 아닌 캐디 출신이지만, 골프 실력과 게임 운영은 최고 수준이라는 평을 받고 있다. 프로 캐디 위원회 창설 멤버인 콜맨은 한때 세베 바예스테로스와 일했으나, 명성과 부는 독일의 베른하르트 랑거와 함께 이루어 냈다. 베른하르트 랑거가 메이저 선수 대열에 들어설 수 있었던 것도 따지고 보면 절대적인 콜맨의 도움 때문이었다. 캐디가 되기 전에는 그 자신이 프로 보조(프로의 트레이너 비슷한 성격임)였고 아직도 변함없는 싱글 핸디 캐퍼다.

템포가 바로 비거리

아마 골퍼들이 자주 지적 받는 것 중 하나가 일정한 템포로 스윙하라는 것이다. 일반 골퍼들은 대체로 자신의 실제 능력보다 언제나 더 멀리 보낼 수 있다고 착각해 문제를 일으킨다. 한 예로 그린까지 150야드를 남기고 7번 아이언으로만 공략하려 한다. 물론 사람에 따라서 더 짧은 골프채를 사용할 수도 있겠지만 실제 풀 샷에 정확하게 히팅되었을 때만 가능한 거리라면 무모한 시도일 수밖에 없다.

영국의 명 캐디며 베른하르트 랑거의 야전 사령관격인 피터 콜맨은, 이런 경우에 아마추어 골퍼들은 6번 또는 5번 아이언을 잡는 것이 훨씬 유리하다고 조언한다. 그들 역시 7번 아이언이 적당하지 않다는 것을 스스로 알고 있기 때문이다. 만약 이들이 템포에 신경을 쓴다면 무리하게 7번 아이언을 잡지 않고 보다 여유 있게 사용할 수 있는 5, 6번을 택할 것이다. 7번으로는 풀 샷을 해야 하기 때문에 아무래도 스윙이 빨라질 수밖에 없다. 아마추어가 프로와 같은 골프채를 잡았다고 해서 대단해질 수는 없다. 각자의 능력에 맞는 골프채를 선정하는 것이 최고다.

또 힘을 들이지 않고는 거리를 낼 수 없다고 생각한다면 단신인 이안 우즈님을 생각하라. 우즈님이 전력을 쏟지 않고도 거리를 내는 것은, 거리는 힘이 아닌 템포가 좌우하기 때문이다.

딘 비먼

비먼은 1971년 미국 PGA의 위원이 되었고, 1972년부터 PGA 투어 커미셔너로 일
해 오면서 PGA 투어 상금과 규모를 오늘의 반석에 올려 놓은 장본인이다. 그는 1960
년과 1963년에 미국 아마추어에서 우승하였고, 영국 아마추어를 우승한 몇 안 되는
미국인 가운데 한 사람이다.

그 뒤 29세에 프로에 데뷔, 토너먼트에서 4번 우승한 뒤 사업가로 전향해 경영자
로서도 뛰어난 소질을 과시해 왔다.

어깨는 타깃 왼쪽을 향하라

골프에서 얼라인먼트(몸의 정렬)는 아무리 강조해도 지나침이 없다. 볼을 의도한 방향
으로 보내려면 우선 몸이 제대로 정렬되어야 하기 때문이다. 이에 대해 딘 비먼은, 다소
고전적인 방법이긴 하지만, 타깃의 왼쪽으로 몸을 정렬하라고 조언한다. 히프와 어깨를
목표보다 약간 왼쪽을 향하라는 것이다. 그렇다고 오픈 스탠스를 취하라는 뜻은 아니다.
이는 어깨 회전을 원활하게 해주고 아울러 한쪽으로 치우치는 것을 방지해 매끄러운 원
피스 스윙을 가능하게 하기 때문이다. 다시 말해 바른 궤도의 백 스윙을 유도함은 물론
임팩트 이후 깔끔한 피니시 동작을 끌어낼 수 있다.

왼쪽 어깨가 타깃과 일직선이 되어 있으면 임팩트 이후 몸이 막혀 회전이 어려울 것
은 뻔한 이치다. 초보자가 아니라면 무슨 뜻인지 이해할 수 있을 것이다. 본인은 목표를
향해 똑바로 정렬하고 샷하는데도 볼이 자꾸 오른쪽으로 가는 사람은 당장 이를 시행해
보라.

빌리 안드레이드

　　1964년 미국 메사추세츠에서 태어난 안드레이드는 유명한 웨이크 포레스트 대학에서 사회학을 전공한 두뇌형 선수이다. 작고 왜소한 체격의 그는 장신 선수들이 즐비한 투어에서 살아 남으려면 빈틈없는 테크닉에 의지해야 한다고 판단, 자신만의 독특한 테크닉을 연마해 왔다. 그가 1991년 캠퍼 오픈과 뷰익 클래식에서 연속 우승할 수 있었던 것도 바로 특유의 완벽한 테크닉 때문이었다는 평을 받았을 정도다.

테이크 백은 짐이 달린 끈을 끌듯이

　　누구나 한 번쯤은 티 앞에서 갑자기 팔이 굳어 버리는 듯한 순간을 경험했을 것이다. 온몸이 얼어붙은 듯 움직일 수 없어 당황하게 되고, 결국은 그 날 라운드 전체를 망치고 만다. 가장 큰 원인은 지나친 긴장 때문이다. 대체로 평소 연습을 하지 않는 골퍼들에게 일어나는 현상인데, 빌리 안드레이드가 제시하는 이미지 훈련으로 이런 위기를 극복할 수 있다.

　　안드레이드는 테이크 백 초기에 무거운 짐이 달린 끈을 끌 듯 골프채를 천천히 당기는 기분을 가지라고 조언한다. 이 방법은 테이크 어웨이 때 골프채를 60㎝ 가량 낮게 끌어 주는 이미지를 갖게 하는 데도 주효한데, 압박감 때문에 골프채를 가파르게 치켜올리는 골퍼들에게는 직효적 처방이다. 이러한 이미지 훈련은 클럽 헤드를 끄는 동작으로 인해 어깨와 팔에 일어나는 팽팽한 느낌 때문에 긴장감으로 올 수 있는 근육의 저킹 현상(갑자기 튀어 오르는 듯한 동작)을 막을 수 있고, 낮고 긴 백 스윙을 가능하게 해줄 것이다.

토니 잭클린

토니 잭클린에 대해서는 앞서 설명했기 때문에 생략한다. 대신 그가 아마추어들에게 주는 충고 한 마디를 싣는다.

"만약 스스로 상대보다 능력이 떨어진다고 생각하면 상대를 결코 이길 수 없다. 따라서 늘 상대를 이길 수 있다는 자신감은 물론 보다 거만하게 보이는 것이 게임을 풀어 가는 데 훨씬 유리하다."

톱에서 약간의 여유를 가져라

오랜만에 코스에 나가면 무엇보다 스윙에 자신이 없어진다. 이는 곧 백 스윙을 끝까지 해주지 못하고 골프채를 급하게 끌어내리는 문제를 일으켜 라운드 내내 엉뚱한 구질로 고전하게 된다. 충분한 연습을 못한 것이 원인이지만 안 될 것이라는 불안감을 스스로 증폭시키는 데도 이유가 있다. 토니 잭클린은 이 같은 불안을 극복하는 방법으로, 백 스윙 톱에서 잠시 여유를 가지라고 조언한다. 이는 바로 백 스윙을 끝까지 해주라는 뜻으로, 백 스윙 톱이 이루어지지 않고서는 여유를 가질 수 없기 때문이다. 이 문제는 아마나 프로도 공통적으로 겪고 있는 것으로서 90% 이상이 힘껏 치려고만 집착해서 생긴다. 세계적 프로들의 백 스윙 톱을 보면 잠시 멈춘 듯한 느낌을 받게 된다. 좋은 리듬으로 일관된 백 스윙이 이루어지기 때문이다. 스윙이 빠르기로 유명한 호세 마리아 올라사발이나 래니 워드킨스 같은 선수들도 유심히 보면 백 스윙 톱에서 나름대로 여유를 갖는다. 아무렇게나 치고 스코어에도 관심이 없다면 모르겠으나 스코어 메이킹을 제대로 하려면 그림처럼 자장면 그릇을 받쳐 주는 듯한 백 스윙 톱을 만들어라.

타이거 우즈

1975년 캘리포니아 주 사이프러스에서 태어난 타이거 우즈는 '골프 천재' 라는 명성에 걸맞게 과거와 현재를 통틀어 최고의 골퍼로 평가받는다. 장타력은 물론 아이언 샷이나 퍼팅에 이르기까지 어느 부문 하나 흠잡을 데 없다. 미국 아마추어 골프 선수권 대회에서 3연승을 거두는 등 아마추어 시절부터 두각을 나타냈고, 프로에 데뷔해서도 각종 신기록을 갱신하며 골프사를 새로 쓰고 있다. 1997년 최연소, 유색 인종 최초로 마스터스 정상에 섰고, 1999년 중반부터 2000년 초반까지 연승 행진을 벌여 벤 호간(1948년) 이후 52년만에 6연승의 신화를 창조하기도 했다.

장타 내려면 허리를 빨리 풀어라

장타를 원하는 아마추어 골퍼들의 염원은 끝이 없다. 한동안 아마추어 골퍼들 사이에 우즈의 파워 스윙이 화제에 오른 것도 이 같은 이유 때문이다. 우즈가 자신의 장타 비결로 가장 먼저 꼽는 것이 빠르게 돌릴 수 있는 유연한 허리이다. 허리 회전이 빠를 뿐만 아니라 움직임도 크다. 임팩트 때 허리를 빨리 풀어야 장타가 되지만, 무엇보다 서두르지 않는 것이 중요하다. 자칫 미스 샷이 나올 수 있기 때문이다.

백스윙 때 스윙 아크를 크게 만들고 오른쪽에 무게를 완전히 싣는 것도 우즈의 장타 비결이다. 장타를 내기 위해선 셋업도 중요하다. 우즈는 티 샷의 거리를 늘리고 싶을 때 간단한 수정을 한 가지 한다. 그것은 바로 오른발을 3~5㎝ 이동시켜 스탠스를 넓혀 주는 것이다. 그러면 머리도 공 뒤쪽으로 더 멀리 이동하게 된다. 이런 스탠스는 백 스윙 때 오른쪽으로 옮겨 주어야 할 체중을 미리 오른쪽에 실어 줄 수 있게 한다. 아마추어 골퍼는 셋 업 때 체중을 지나치게 왼쪽에다 많이 실어 주는 경우가 흔하다. 따라서 백 스윙 때 체중을 충분히 오른쪽으로 옮겨 주지 못하게 된다. 또 감겨 있던 상체가 풀리면서 체중 이동이 제대로 이루어지지 않으면 거리 증대는 불가능하다.

데이비드 듀발(1)

1971년 미 플로리다 주 잭슨빌에서 태어난 데이비드 듀발은 힘과 정교함을 동시에 갖춘 선수이다. 에니엘스와 함께 타이거 우즈의 독주를 막을 수 있는 골퍼로 거론된다.

아버지 역시 미시니어 투어에서 현역으로 뛰고 있는 밥 듀발. 1999년에는 '아버지와 아들 동반 우승' 이라는 진기한 기록을 세우기도 했다. 삼촌 또한 프로 골퍼로서, 아버지와 함께 어린 시절 데이비드에게 큰 영향을 미쳤다. 1999년 4승을 거두며 주가를 올렸다. 특히 밥 호프 크라이슬러 클래식에서는 역대 18홀 최저타와 동타인 59타를 기록하기도 했다.

급한 다운 스윙, 부드러운 리듬으로 보완하라

듀발의 스윙은 독특한 면이 많다. 백 스윙을 시작할 때 머리가 먼저 움직이는 것은 대표적이다. 임팩트 전과 후에 가슴이 빠르고 크게 회전하는 것도 듀발 스윙의 특징 가운데 하나이다. 이처럼 유별난 스윙을 하나하나 분해해 놓고 보면 어쩐지 엉성해 보인다. 하지만 듀발의 스윙은 신체 각 부분이 유기적인 관계를 맺고 있으며 탁월한 리듬감으로 부드러운 인상을 준다. 샘 스니드는 듀발의 스윙을 보고 "기름을 바른 듯 매우 부드럽다."고 칭찬했을 정도다. 특히 다운 스윙이 빠른 아마추어 골퍼는 듀발의 부드러운 스윙을 본받을 만하다. 스윙이 부드럽기 때문에 머리가 백 스윙 때는 타깃 반대 방향으로, 다운 스윙 때는 타깃 방향으로 회전하는 게 큰 문제가 되지 않는다. 아니 이것을 오히려 장점으로 만들고 있다. 듀발이 장타를 낼 수 있는 원동력은, 임팩트 전과 후에 가슴이 크게 회전하는 것이다. 듀발의 스윙을 보면 임팩트 후 가슴을 타깃 쪽으로 빠르게 돌린다. 이로 인해 자연히 팔은 클럽 헤드를 빠르게 끌게 된다. 이처럼 축적된 힘을 한순간에 쏟는 동작이 파워의 원천이 되고 있다.

Titleist

데이비드 듀발(2)

"스윙은 간결할수록 좋다. 이 같은 스윙을 하려면 먼저 생각부터 간결해야 한다. 특히 아마추어들은 무엇이든 듣고 본 대로 다 하려고 든다. 그러나 이는 자신의 스윙을 복잡하고 어렵게 만들 뿐이다."

칩 샷을 할 때는 롱퍼팅처럼

그린 근처에서 칩 샷을 할 때는 마치 먼 거리에서 퍼터로 느리게 치는 것처럼 해야 한다. 데이비드 듀발은 1999년 메르세데스 선수권 대회에서 우승할 때 이처럼 퍼팅 스트로크 같은 스타일로 여러 홀에서 파 세이브에 성공했다. 퍼터와 피칭 웨지로 플레이할 때 가장 큰 차이점은 공의 위치가 다르다는 것이다. 피칭 웨지로 플레이할 때는 공을 스탠스 중앙에서 오른발 쪽으로 위치시켜 클럽이 다운 스윙하면서 임팩트되어야 한다. 만일 파워의 증가가 필요하다면 몸을 약간 돌려 주면 된다. 이때 초보자들은 팔로만 치거나 강한 스피드로 갑자기 치는 경향이 있다.

칩 샷은 아이언을 퍼터처럼 사용해 시계추의 움직임처럼 스트로크해야 한다. '로프트가 큰 클럽을 사용하는 퍼팅' 정도로 생각하라는 설명이다. 이때 중요한 것은, 퍼팅에서처럼 손목 동작을 최소화하는 것이다. 대신 하체 움직임과 어깨로 동작을 제어하는 시계추 형태로 스트로크한다. 또 퍼터 길이와 일치할 때까지 그립을 아래쪽으로 내려 잡는다. 만일 피칭 웨지 대신 롱 아이언을 잡았다면 그립과 샤프트 결합 지점까지 내려 잡아야 한다. 그린과 아주 가까운 곳에서 칩 샷을 할 때는 토우 부분만 지면에 닿도록 클럽 힐 쪽을 들어 샤프트를 퍼터와 같이 수직으로 세워 주는 방식도 효과적이다. 그리고 공이 그린의 기울기에 의해 홀로 향할 수 있도록 해야 한다.

비제이 싱

1963년 피지 로토카에서 태어난 비제이 싱은 유연한 스윙으로 미국 PGA 투어에서 톱스타 대열에 합류했다. 1982년 프로에 데뷔해 대략 10년 동안 아시아와 유럽, 아프리카 등지에서 실력을 닦았고, 1993년에 비로소 미국 무대에 발을 디뎠다. 미국 투어에 데뷔한 해인 1993년에 뷰익 오픈에서 우승을 차지했으며, 1998년 미국 PGA 선수권 대회에서 첫 메이저 정상에 등극하며 주가를 올렸다. 특히 2000년 첫 메이저 대회인 마스터스 정상에까지 올라 최고의 전성기를 맞고 있다.

페이드 샷 때 오른손목 굽은 채 릴리스

싱은 다양한 기술을 소화해 낼 수 있는 유연한 스윙의 소유자다. 약간 오른쪽으로 휘어지며 표적을 향하는 페이드 샷에서도 탁월한 능력을 발휘한다. 1998년, 아름드리 나무들이 빽빽하게 들어선 사할리 골프장에서 열린 미국 PGA 선수권 대회에서 우승할 수 있었던 원동력도 뛰어난 페이드 샷을 갖추었기 때문이다.

일반적으로 페이드 샷을 구사하려면 클럽 페이스로 표적을 겨냥한 상태에서 몸을 표적의 왼쪽으로 정렬해야 한다. 정상적인 샷을 할 때는 어깨를 표적 선에 대해 평행으로 정렬하지만, 페이드 때는 반드시 어깨선을 열어 주어야 한다. 그래야 어깨선을 따라 스윙함으로써 공이 일단 표적의 왼쪽으로 날아오르다가 오른쪽으로 휘어지기 때문이다.

싱은 그만의 독특한 페이드 샷 요령을 터득하고 있다. 우선 릴리스할 때 가장 눈에 띄는 점은, 임팩트 뒤에도 그의 오른손이 거의 굽어 있는 상태로 실행한다는 점이다. 싱은 백 스윙 톱 때 오른 손목을 뒤쪽으로 향하게 구부려 준다. 톱에서 오른손의 꺾인 각도가 임팩트 존 통과시 오른손의 스냅 동작으로 연결된다. 만일 오른손이 계속 그립을 꽉 잡고 있다면 릴리스할 때 손이 먼저 돌아가 공의 왼쪽을 치게 될 것이다.

어니 엘스

1969년 남아프리카공화국 요하네스버그에서 태어난 어니 엘스는 아마추어 골퍼들이 가장 본받을 만한 스윙을 지니고 있다는 평가를 받는다. '컴퓨터 스윙'이라는 애칭이 잘 어울릴 정도로 정교한 샷을 자랑한다. 힘 또한 어느 선수 못지 않다. 9세 때 처음으로 골프채를 잡았고, 어린 시절에는 테니스 선수로도 활약했다. 14세 때에 비로소 테니스를 그만두고 본격적으로 골프에 입문했다. 1994년과 1997년 두 차례 US 오픈 정상을 차지하며 각광을 받았다.

칩 샷 어드레스 때 무릎을 너무 굽히지 마라

칩 샷의 성공 여부는 '1퍼트냐 2퍼트냐'를 결정짓는다. 미세한 승부의 경우 이 1타가 승패를 가름한다. 어니 엘스는, 매번 핀에 바짝 붙이는 칩 샷이 아마추어에게도 불가능한 기술이 아니라고 강조한다.

우선 칩 샷 때는 무릎을 지나치게 구부리지 않는 게 좋다. 이는 아마추어들이 가장 흔히 저지르는 실수로, 무릎을 많이 구부리면 편안한 스윙이 불가능해 미스 샷이 나올 확률이 높다. 엘스는 무릎을 조금만 구부린 상태에서 발과 엉덩이 어깨를 목표 선에 대해 약간 열어 준다. 스탠스는 좁게 서며, 공은 오른발 쪽에 두고, 무게 중심은 왼쪽으로 쏠리게 한다. 임팩트 때는 클럽이 공 바로 뒤의 잔디를 쳐야 한다. 이때 중요한 것은, 양손이 공보다 앞에 있어야 한다는 점이다. 백 스윙은 양어깨로 시작하고, 클럽은 지면에 가깝고 낮게 테이크 백 한다. 만일 클럽을 지나치게 밖으로 빼면 페이스가 닫히는 잘못을 저지른다. 칩 샷은 공을 '친다' 기보다는 '밀고 나간다'는 느낌으로 목표 선을 따라가야 하며, 피니시 자세를 유지하는 것도 잊지 말아야 할 요소다.

리셀로테 노이만

　리셀로테 노이만은 스웨덴 출신 선수 가운데 애니카 소렌스탐 이전의 '스웨덴 군단'을 대표하던 선수다. 1966년에 태어나 1988년에 프로에 데뷔한 이후 미국 여자 투어에서만 US 여자 오픈을 비롯해 통산 12승을 거뒀다.

　스웨덴 아마추어 선수권 2연패를 비롯 매치 플레이 선수권 우승 등 아마추어 시절의 전적도 화려하다. 지난해까지 386만 달러의 상금을 획득해 통산 상금 랭킹 12위에 올랐다. 특히 자신만의 독특한 칩 샷으로 '쇼트 게임의 명수'라는 별명을 얻고 있다.

근육 동작을 최소화하라

　그린 주변의 정교한 칩 샷은 당일 스코어를 결정짓는 관건이다. 노이만은 칩 샷시 두 발을 거의 붙여 불필요한 하체 움직임을 예방한다. 이때 공은 오른발보다 뒤쪽에 둔 뒤 어깨 움직임만으로 스윙한다. 손목을 심하게 꺾지 않기 때문에 백 스핀이 적어져 공이 잘 구른다.

　노이만의 칩 샷 핵심 포인트는 양손과 손목으로 이루어진 작은 근육과 몸통 및 다리를 포함한 큰 근육의 동작을 최소화하는 데 있다. 그 대신 중간 근육(양팔과 어깨)을 적절히 사용한다. 클럽 페이스를 오픈시킨 뒤 양팔을 부드럽게 뒤와 앞으로 휘두르는 중간 단계에서 공을 맞히면 정교한 칩 샷이 가능해진다. 대부분의 아마추어들은 테이크 백 단계나 임팩트 뒤에 손목을 지나치게 꺾거나 몸을 좌우로 움직여 거리는 물론 방향까지도 나빠지게 된다.

ASTRA
ASTRA

김종덕

1961년 충북 출신인 김종덕은 일본과 아시아 각국을 활동 무대로 뛰고 있는 한국 프로 골프계의 간판 스타 가운데 한 사람이다. 1985년 프로에 입문해 1989년 쾌남 오픈에서 첫 승을 거뒀고, 그 뒤로도 매년 꾸준히 승수를 쌓고 있다. 1997년 일본 기린 오픈 우승으로 아시안 투어 상금 왕에 올라 일본 무대에 입성했다. 1999년에도 일본에서 2승을 거두며 전성기를 구가했다. 국내 프로 골퍼 중 장타자에 속하며, 아이언 샷도 정확하다는 평가를 받는다.

백 스윙은 어깨-허리-다리 순으로

스윙의 한 패턴으로 '보디 턴 스윙'이 있다. 좋은 리듬에 힘과 정확성을 겸비할 수 있는 것이 보디 턴 스윙의 핵심이다. 또 스윙에 무리가 가지 않는 장점도 있다.

국내 프로 골퍼 중에선 김종덕이 대표적인 보디 턴 스윙을 한다. 보디 턴 스윙은 리듬이 중요하다. 하지만 아마추어 골퍼는 백 스윙 때 왼쪽 어깨가 공을 지나치지 못하는 데서부터 스스로 리듬을 깨는 실수를 저지른다. 리듬이 있는 스윙을 하기 위해선 무엇보다 백 스윙 때 왼쪽 어깨가 공을 지나치게 충분히 돌려 줘야 한다. 몸통(어깨와 허리)과 다리를 순차적으로 움직이는 것도 보디 턴 스윙의 기본.

보디 턴 스윙의 진행은 어깨 · 허리 · 다리 순으로 시작된다. 반대로 다운 스윙 때는 다리 · 허리 · 어깨 순으로 이동한다. 보디 턴 스윙의 핵심은 백 스윙 톱에서 왼쪽 무릎의 움직임이다. 왼쪽 무릎이 다운 스윙의 방아쇠(트리거) 역할을 해야 하기 때문이다. 즉 백 스윙 톱에서 이미 왼발은 다운 스윙을 시작하고 있어야 한다는 것이다. 이 요령을 터득해야 비로소 보디 턴 스윙이 완성된다. 이 왼쪽 무릎의 역할로 인해 스윙에 탄력이 생기며 거리도 향상된다.

SUPERIOR

최경주

1970년 전남 태생으로서 국내 프로 골프 사상 최초로 미국 PGA 투어에 발을 디딘 간판 스타이다. 1993년 프로에 입문한 뒤 1995년 팬텀 오픈에서 첫 승을 거뒀고, 1996년과 1997년에는 2년 연속 상금 왕을 차지하기도 했다. 1999년에는 일본에서 2승을 올렸고, 현재 미국 PGA 투어에서 활약하고 있다. 탄력 있는 체격과 타고난 승부 근성을 갖추고 있어 세계적인 스타가 될 자질을 지니고 있는 것으로 평가된다. 독실한 기독교 신자로 절제된 생활을 하고 있는 모범적인 선수 가운데 한 사람이다.

로브 샷은 손목을 이용하라

프로 골퍼들이 비시즌에 가장 집중적으로 연마하는 것 가운데 하나가 바로 쇼트 게임이다. 그 가운데서도 공을 높이 띄워서 부드럽게 그린에 내려 앉히는 로브 샷은 좋은 성적을 내기 위한 필수적인 기술이다.

국내 프로 골프 사상 처음으로 미국 PGA 투어에 진출한 최경주도 미국 무대 도전에 앞서 로브 샷 연마에 전력을 다했다. 최경주는 쇼트 게임에 관한 한 세계 최고로 인정받는 교습가인 데이브 펠츠에게 로브 샷을 전수받았다. 로브 샷은 그린이 매우 빠르거나 벙커나 나무 등 장애물이 가로막고 있을 때 시도한다.

로브 샷을 구사하려면 우선 공을 타깃 방향(왼발 쪽)에 위치시킨다. 그래야 임팩트 때 헤드가 공 밑으로 들어가 쉽게 띄울 수 있기 때문이다. 이때 클럽 헤드가 왼쪽에 위치하지만, 양손은 중앙에 놓아야 좋다. 이렇게 하면 자연스럽게 오픈 스탠스로 설 수 있다.

로브 샷은 일반적인 샷보다 손목을 많이 쓰게 된다. 즉 양손의 좌우 이동은 덜한 대신 손목 꺾임을 이용해 스윙한다. 로브 샷에서 거리를 맞추는 것은 피니시의 크기다. 30~40야드 정도가 남았을 때는 양손이 어깨 위로 올라갈 정도로 피니시를 크게 한다. 20야드 미만일 때는 양손이 어깨 아래서 마무리되도록 피니시를 짧게 가져간다. 따라서 가까운 거리일수록 손목 사용이 많아진다. 손목을 많이 쓰는 대신 하체 이동(움직임)은 가급적 자제하는 것이 좋다.

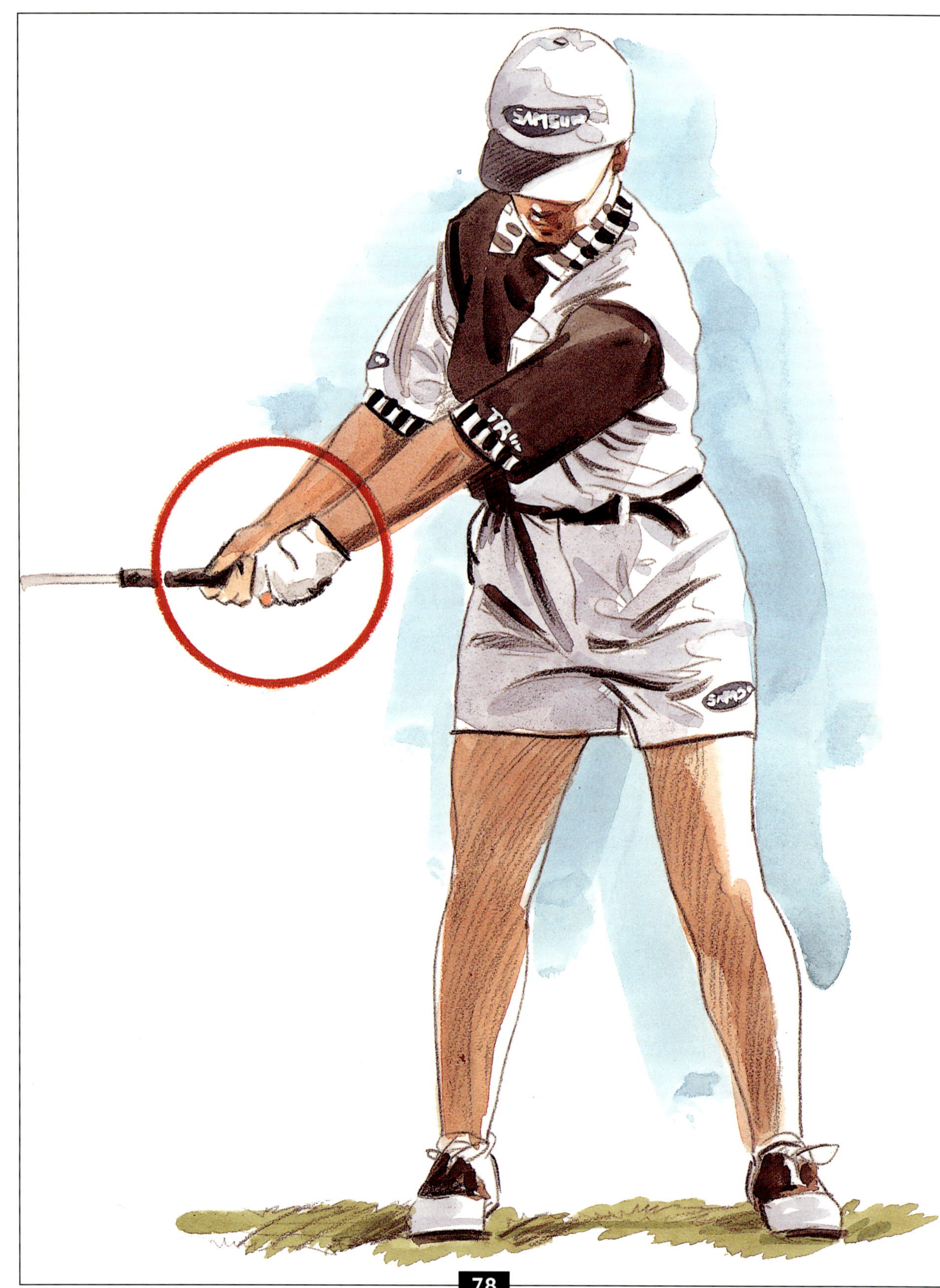

박세리

  '골프 여왕' 박세리는 1977년에 대전에서 출생했다. 초등 학교 때 육상 선수로 활약하다가 14세 때 처음 클럽을 잡은 뒤로 한국에서만 30승을 거두며 승승장구, 천하 통일을 이루었다. 3주 연속 우승 기록은 물론 54홀 최소타 기록(200타) 등 각종 기록을 보유하고 있으며, 1996년에는 단 8일 만에 1억 원의 상금을 따내는 기염을 토했다. 1998년 미국 투어 데뷔 첫해에 메이저 대회인 US 여자 오픈과 LPGA 선수권 대회를 포함해 4승을 거두며 세계 여자 골프계의 신데렐라로 떠올랐다. 1999년에도 4승을 올려 미국 투어에서만 8승을 기록하고 있다.

키 포인트

확실한 보디 턴과 레이트 코킹

  박세리는 미국 여자 프로 골프 투어에서 장타자 부류에 속한다. 미국에 가기 전부터 폭발적인 장타로 국내 그린을 평정한 바 있지만, 당시까지만 해도 스윙 아크를 크게 하고 빠른 체중 이동으로 공을 타격하는, 힘에 의존한 스윙이었다. 그러나 레드베터 스쿨에서 집중적인 훈련을 받으며 보디 턴 스윙으로 바뀌었다. 스윙 궤도를 크게 하기 위해 클럽을 멀리 빼고, 정확하고 멀리 날리기 위해 레이트 코킹으로 바뀐 것도 큰 변화다. 양손의 위치가 8시 방향에 이르러서야 샤프트가 지면과 수평이 되는데, 이는 과거의 7시 방향 때보다 코킹이 그만큼 늦어진 것이다. 코킹은 이때가 되어서야 비로소 시작되며, 9시 방향에서 완성되어 임팩트 직전까지 이를 끌고 간다. 이는 스윙 아크가 그만큼 커졌으며, 진정한 보디 턴 스윙이 이루어지고 있음을 의미한다. 과거에는 보디 턴을 의식해 몸통 가까이에서 움직이던 그립이 이제는 자신의 위치를 찾아 기계적으로 작용하고 있음을 알 수 있으며, 언제나 그립 끝은 몸통을 벗어나지 않는다.

KB TELECOM
BIZ

김미현

1977년 인천에서 출생했다. 155cm가 채 되지 않는 작은 키 때문에 별명이 '땅콩'이었지만 각종 대회에서 잇달아 우승을 차지하면서 '슈퍼 땅콩'으로 바뀌었을 만큼 국내와 미국에서 놀라운 성적을 냈다. 11세 때 아버지(김정길)로부터 골프를 배웠으며 한국에서는 15승을 기록했다. 한국 투어에서 뛸 때는 동갑인 박세리와 막상막하의 실력을 보였으며, 1997년 3주 연속 우승을 차지하며 박세리와 타이를 이루었고, 2년 4개월 23일 만에 통산 상금 4억 원을 달성해 이 부분 기록도 가지고 있다. 미국 투어에 처음 데뷔한 1999년 2승(스테이트팜레일 클래식, 벳시킹 클래식)을 거두며 '올해의 신인상'을 수상함으로써, 한국은 박세리에 이어 2년 연속 이 부분 수상자를 배출했다.

드라이브 샷 스윙의 특징

김미현의 스윙에서는 단신이라는 핸디캡을 보완하기 위한 각고의 노력을 읽을 수 있다. 본인이 밝히고 있는 드라이브 샷 스윙의 특징은 2가지. 첫째는 스윙 아크를 크게 하는 것이며, 어드레스 자세에서의 손목 각도를 톱 스윙에서도 유지한다는 점이다. 스윙 아크를 크게 하기 위해서는 테이크 백 때 낮고 길게 클럽을 가져가며, 톱 오브 스윙에서는 헤드가 땅에 닿을 정도의 오버 스윙이 특징이다. 어드레스에서 취한 손목의 각도는 톱 오브 스윙에서도 계속 유지되어 안정된 방향성을 보장하고 있다. 톱 오브 스윙에서 손목의 방향이 바뀌면, 즉 손등 쪽으로 젖혀지면 다운 스윙 도중 페이스가 열리게 되고 손바닥 쪽으로 꺾이며 페이스가 닫혀 들어오게 된다.

체중 이동 역시 자신만의 독특한 비법을 갖고 있다. 샤프트가 지면과 거의 수직인 상태에서는 톱 스윙을 하고 있어도 체중은 왼발로 이동하지 않고 오른발에 고정되어 있다. 이는 철저한 훈련으로 얻은 상체의 유연성에 기인한다. 아마추어가 이처럼 하게 되면, 톱 오브 스윙에서 체중이 왼발로 이동해 다운 스윙을 시작할 때는 체중이 오른발로 옮겨지는 역 체중 이동에 의한 파워 손실을 감수해야 한다.

LANCE FIELD

펄 신

1967년에 서울에서 태어났지만 일찌감치 미국으로 이민을 떠나, 현재 미국 여자 투어에서 활약하는 한국 선수 가운데 맏언니 격이다. 대학 시절에는 아리조나 주립 대학의 대표 선수로 각종 토너먼트에서 우승 기록을 세웠으며, 1988년에는 미국여자 아마추어 선수권 대회 타이틀을 따냈다. 1998년 LPGA 투어 스테이트팜레일 클래식에서 프로 데뷔 첫 승을 기록했다. 1991년에 프로로서 공식 대회에 첫 모습을 드러냈으므로 첫 우승을 하기까지 무려 8년간의 세월이 흐른 셈이다. 1999년에 미국 LPGA 투어 집행 위원으로 선출되었다. 투어 선수 회장의 꿈을 가지고 있으며, 비즈니스 감각도 뛰어나다는 평을 받는다.

드라이브 샷 성공 비결은 셋 업 동작

매 홀에서의 정확한 티 샷은 다음 샷의 성공을 보장하는 전제 조건이기도 하다. 펄 신의 페어웨이 안착률은 미국 LPGA 투어에서도 최상위권에 속한다. 지난 98년에는 무려 83%라는 높은 티 샷 성공률을 보였다.

펄 신의 정확한 드라이브 샷의 비결은 훌륭한 셋 업 동작에 있다. 일관성 있는 스윙과 정확한 공의 타격을 위한 가장 좋은 자세이다. 우선 스탠스 넓이가 적당하다. 어깨 넓이가 스탠스 안쪽 넓이와 같다. 이를 연습하기 위해서는 일반적인 스탠스를 취한 뒤 오른발을 뒤로 빼 오른발 토우 선을 왼발 뒤축 선에 일직선이 되게 맞추는 훈련을 하면 좋다. 이렇게 하면 가슴이 너무 빨리 열리게 되는 폐단을 막아 준다. 또 다른 중요한 열쇠는 하체가 다운 스윙을 잘 이끌고 가는 데 있다. 아마추어들은 대개 이 과정에서 상하로 몸이 움직이는 데 반해, 펄 신은 똑같은 높이로 스윙을 이끌고 있다. 즉 하체의 움직임이 정확히 수평 이동을 하고 있다. 또, 백 스윙을 할 때는 양팔과 상체가 동시에 움직이며, 임팩트 자세 때 히프가 살짝 열리면서 양팔은 가슴 앞에, 그리고 가슴이 공을 정면에서 마주보는 자세가 된다. 그리고 어드레스를 할 때 오른쪽 어깨가 낮게 위치하며 머리는 공 뒤에 놓이는 점도 놓칠 수 없는 부분이다.

박지은

1979년 서울에서 태어나 초등학교를 마치고 미국으로 골프 유학, 미국 주니어와 아마추어 무대를 휩쓸었다. 아마추어 시절 통산 55승을 올렸으며, 1999년 2부 투어인 퓨처스 투어에서 상금 순위 1위를 차지하며 정식 무대에 화려하게 데뷔했다. 여자 프로 골퍼 가운데 로라 데이비스와 함께 대표적인 장타자에 속한다. 한 드라이브 콘테스트에서는 314야드를 날리기도 했다. 일반적으로 스트레이트나 약간의 페이드만 걸어도 캐리로만 250야드 이상을 날린다. 음악 감상과 쇼핑을 즐기는 낙천적인 성격으로, 국내외에 많은 팬들이 있다. 지난 6월 5일에는 그린스닷컴클래식에서 감격의 첫승을 올렸다.

간결한 톱 스윙

박지은의 장타 비결은 무엇보다도 다운 스윙 때의 가속도에 있다. 우선 백 스윙을 천천히 하여 쓸데없는 에너지 낭비를 막는다. 그러나 다운 스윙에서는 임팩트 존으로 지속적으로 가속해 공이 맞는 순간 헤드 스피드를 최대로 끌어 낸다.

박지은은, 이 같은 스윙을 하기 위한 첫째 조건은 바로 간결한 톱 스윙이라고 말한다. 톱 스윙이 커야 거리가 난다는 일반적인 이론에서 벗어난 것 같지만, 실제 톱 스윙이 작아지면 궤도 변화가 거의 없어 정확한 히팅이 가능하다는 뜻이다. 또 클럽을 휘둘러 내려오는 거리가 짧아져 임팩트로 갈수록 힘을 더 실어 줄 수 있다고 설명한다.

정확성을 보완하기 위해서는 몸이 상하로 움직이지 않게 하는 데 중점을 두고 있다. 즉 스윙이 진행되는 동안 어깨와 허리, 무릎 선을 처음의 셋 업 때와 같은 높이로 유지하는 데 신경을 쓴다.

강수연

1976년에 태어나 초등 학교 4학년 때까지 스피드 스케이트 선수로 활약하다 골프채를 잡았다. 아마추어 국가 대표로 활약했으며, 1996년 로즈 여자 오픈, 세계 대학 골프 선수권 개인전 준우승 등 화려한 수상 경력을 갖고 있다. 골퍼로서는 처음으로 1997년에 체육 훈장 거상장을 수상하기도 했다. 아마추어 시절 박세리와 맞대결을 펼쳐 한 번도 패하지 않아 '박세리 킬러' 라는 별명을 얻기도 했다. 2000년 아시아 서키트에서는 3주 연속 정상에 올라 국내 프로 중 '해외 대회 3연속 우승' 이라는 초유의 기록을 세웠다.

상체의 회전과 부드러운 체중 이동

강수연의 평균 드라이브 샷 거리는 250야드에 달한다. 미국에서 스윙을 교정, 종전보다 20야드 이상 거리가 늘어났다. 이는 상체의 회전과 체중 이동이 물 흐르듯이 진행되면서 정확한 히팅이 가능해졌기 때문이다. 강수연 스윙의 특징은, 상체를 충분히 회전하면서 팔의 동작을 의도적으로 자제해 결과적으로 스윙 아크가 커지게 한다는 것이다. 또한 부드러운 체중 이동도 거리를 늘리는 배경이다.

한동안 어드레스 때 양팔을 몸에 바짝 밀착시켰으나 현재는 양팔의 힘을 뺀 자연스런 자세로 테이크 백 때 헤드를 낮고 길게 뺀다. 코킹이 늦게 시작되어 어깨가 스윙을 주도하면서 오른팔을 굽히지 않고 충분한 어깨 회전이 이루어진 상태에서 톱 스윙이 완성된다. 이때 오른발로 체중을 굳건히 유지한다.

왼발로 체중이 이동되는 과정도, 허리로 이끄는 상체의 강한 회전과 오른쪽 어깨를 떨어뜨리지 않고 옆구리를 파고드는 오른쪽 팔꿈치와 임팩트 직전까지 유지되는 코킹은 다이내믹한 다운 스윙을 이끈다. 피니시에서는 오른쪽 어깨가 목표 쪽으로 충분히 돌아가고 있다.

TROUBLE SHOTS

트러블 샷

세베 바예스테로스

스페인의 골프 영웅 세베에 대해서는 스윙 편에서 소개했기 때문에 생략한다. 그는 자신이 트러블 샷의 1인자로 불리는 데 대해 "나는 어디서 어떤 상황에 처했든 간에 최선을 다한다. 최선을 다하지 않는 것은 후원자나 팬, 그리고 나 자신에 대한 모독이 될 것이다."고 할 정도로 철저한 직업 의식을 가진 선수이다.

물에 빠진 볼도 무작정 포기하지 말라

아마추어들은 대부분 플레이 중 볼이 물에 빠졌을 때 아무 생각 없이 페널티 스트로크를 받고 다음 샷을 한다. 그러나 조금만 신경을 쓰면 페널티를 받지 않고도 스트로크를 할 수 있는 상황이 있다. 물론 볼이 깊은 해저드에 빠졌다거나 볼이 전혀 보이지 않는 경우는 어쩔 수 없다. 하지만 스트로크를 함으로써 훨씬 유리하게 게임을 풀어갈 수 있다.

이런 경우에 대해 트러블 샷의 1인자인 세베 바예스테로스는 우선 두 가지 상황을 고려하라고 조언한다.

첫째 볼의 절반 정도가 물위에 보여야 하며, 둘째는 고정된 스탠스를 취할 수 있는가를 살피는 것이다. 만약 두 가지 조건이 되면 피칭 웨지를 선택하는 것이 좋다. 웨지는 로프트가 크고 무게가 무거워 물 속을 파고드는 데 용이하기 때문이다. 그 다음엔 평소보다 좀 넓게 스탠스를 취한 뒤 짧으면서도 깊은 백 스윙을 시도해 임팩트 순간 힘을 준다.

기존 국내 코스에는 얕은 개울이 거의 없어 트러블 샷을 할 기회가 없겠지만 최근 신설된 일부 코스는 외국과 스타일이 유사해 이 같은 트러블 샷 요령을 알아두면 좋다. 트러블 샷을 익히면 다른 위기 때도 창조적인 샷을 할 수 있기 때문이다.

이안 베이커 - 핀치

1960년 호주 남보우 태생인 베이커-핀치는 1991년 로얄 버크데일에서 열린 브리티시 오픈에서 우승함으로써 그의 프로 경력 최고의 절정에 올랐다. 이 시합에서 마지막 두 라운드에서 보여 준 그의 스코어 64와 66은 티 그라운드에서 그린까지의 파워와 나머지의 부드러운 퍼팅 터치를 증명하였다. 1991년 그의 평균 스코어 69.92는 미국 PGA에서 네 번째 성적이었다. 그는 미국과 유럽, 그리고 일본 투어에서 우승했으며, 호주 마스터스를 포함하여 호주에서 10승을 올렸다. 193㎝의 큰 키를 절묘하게 활용하는 스윙과, 비단처럼 부드러운 퍼팅이 돋보인다.

어깨를 수레바퀴처럼

골프 근육이 덜 단련된 시즌 초 라운드 때 가장 신경 쓰이는 부분은 바로 어깨 회전이다. 핸디캡 10 이상의 아마 골퍼들은 어깨보다 손과 팔을 더 쉽게 움직이기 때문이다. 또, 단신보다는 키가 큰 골퍼일수록 어깨 회전이 문제가 된다. 한 예로, 웨일스의 작은 거인 이안 우즈넘처럼 키가 작은 선수의 어깨 회전은 간단하면서도 완벽에 가깝다. 하지만 193㎝나 되는 이안 베이커-핀치 같은 골퍼들에게는 몸통 회전이 부담스러울 때가 많을 것이다. 이에 이안 베이커-핀치는, 임팩트 순간의 회전을 위해 몸통과 상체를 이용하라고 조언한다. 즉 오른쪽 어깨를 최대로 활용하는 것인데 다운 스윙 때 어깨를 힘차게 돌리면서 공을 친다.

또 한 가지 요령으로, 다리는 단순히 상체의 받침대라고 생각하고 다운 스윙 때 왼쪽 어깨를 뒤로 힘차게 밀어 주면 간단하면서도 힘이 실린 임팩트를 할 수 있다. 이렇게 되면 자연히 다리보다 상체가 움직임을 주도하는 것을 알게 될 것이다. 그러나 이때도 손과 팔이 어깨보다 먼저 나가서는 안 된다. 손과 팔은 언제나 어깨를 따라가야 한다.

베른하르트 랑거

1957년 독일 태생인 랑거는 독일 최고의 선수이다. 랑거는 10년이 넘도록 유럽 골프의 선두에 서 있었다. 1985년의 마스터스를 정점으로 하여 그가 세계 각지에서 거둔 우승은 40승에 달한다. 마스터스를 우승하던 해 그는 세계 최고의 골퍼로 선정되기도 하였다. 담배도 피우지 않고 술도 마시지 않는 독실한 기독교 신자인 랑거는 아이언 플레이의 달인이며 가장 성실한 플레이어 가운데 한 명이다.

러프에서는 로프트 큰 클럽이 유리하다

페어웨이 잔디뿐만 아니라 러프의 풀도 길고 거칠어지는 본격적인 시즌이다. 이때가 되면 누구나 러프에서 트러블 샷 상황을 맞게 되고, 더구나 구질이 좋지 못한 골퍼들은 트러블 샷 횟수가 잦아질 수밖에 없다. 그러나 대부분 아마 골퍼들이 러프 탈출 때 잘못 생각하는 것이 골프채 선택이다. 이에 대해 베른하르트 랑거의 조언을 들어보자.

러프에 빠졌을 때 첫째는 공을 칠 수 있는지를 살피고, 기회가 있다고 판단되면 이제 얼마만큼의 거리로 칠 것인가를 정하는 것이다. 예를 들어 그린까지의 거리가 160야드 남아 있을 때 보통은 5번 아이언 정도로 치려고 할 것이다. 그러나 러프이기 때문에 2단계가량 낮춰·7번 아이언을 쓰는 게 훨씬 유리하다.

이는 로프트가 낮은 골프채일수록 잔디의 저항이 심해 원하는 거리를 낼 수 없기 때문이다. 여기서 만약 5번 아이언을 고집한다면 잔디의 저항으로 3번 아이언 역할밖에 못해 거리에서 큰 손실을 보게 된다. 반면 7번 아이언을 잡게 되면 오히려 5번 아이언에 가까운 거리를 얻게 된다. 거리에만 집착해 상황에 맞서기보다는 골프채 선택에 여유를 가지는 게 훨씬 좋은 결과가 나온다. 로프트가 큰 골프채일수록 가파른 각도에서 내려오기 때문에 잔디 저항을 덜 받아 골프채가 쉽게 빠져나오고 거리도 늘어난다. 마지막으로 명심해야 할 것은, 상황에 맞는 적당한 스탠스를 취하는 것이다.

리 트레비노

한 마디로 불세출의 골프 스타이다. 1939년 12월 1일 미국 텍사스에서 태어나 가난한 어린 시절을 보냈지만 골프에 관한 천부적인 소질을 보이며 대성한 케이스. 미국 투어에 본격 합류하기 전에 이미 몇 차례 주요 대회에서 재능을 인정받았다. 미국 투어에서는 1968년 US 오픈과 1984년 PGA 선수권 등 수많은 타이틀을 차지했지만 유독 마스터스와는 인연을 맺지 못했다. 1990년 시니어 투어로 발길을 돌린 뒤 한 해에 무려 7개 대회를 휩쓰는 등 그의 천부적인 재능은 시니어 무대에서도 여전히 빛을 발하고 있다.

다리를 교차하여 서라

많은 아마추어 골퍼들에게 리 트레비노의 일관된 요구는, 다리에 대해 너무 신경을 쓰지 말라는 것. 예를 들어 치핑할 때는 어떻고, 러닝 어프로치할 때는 어떻고 하는 등 이것저것 복잡하게 생각하다 보면 오히려 문제가 되기 때문이다. 트레비노는, 아마 골퍼들이 자신의 조언을 잘 믿으려 하지 않는 경향이 있지만 실제 좋을 수 있었던 샷이 발 동작 때문에 망치는 경우를 자주 보게 된다고 지적한다.

문제가 되는 다리 움직임을 교정하는 방법으로 양다리를 꼬면서 스윙 연습을 하는 것이 있다. 다리를 꼰 채 자세를 낮춰 치핑과 피치 샷을 해 보라고 권유한다. 방향성을 비롯해 구질이 일관성을 갖게 됨을 확실하게 느낄 수 있을 것이다. 이 같은 훈련법에 확신이 선다면 이를 모든 샷에도 적용하기 위해 근육에 기억시켜야 한다. 특히 스코어가 들쭉날쭉 일관성이 없는 사람은 다리를 꼬고 팔과 어깨만을 이용해 5번 아이언으로 이 훈련을 반복해 보라. 아마 자신도 깜짝 놀랄 만한 효과를 보게 될 것이다.

그레그 터너

1963년 2월 21일 뉴질랜드에서 태어난 그레그 터너는, 1980년대 초반 아이젠하워 트로피에 참가했을 때 뉴질랜드를 대표하는 3명의 스포츠 형제 중 셋째였다. 맏형은 키위 팀의 아이스하키 선수였고, 둘째는 뉴질랜드와 워세스터셔의 크리켓 타자로 팀의 주장 선수였다. 터너는 1986년 이후 유럽 투어에 모습을 나타내지 않았고, 스칸디나비아 오픈에서 우승함으로써 루키 시절에 우승을 거둔 선수들 가운데 한 명이다.

클럽 페이스 평행을 유지하라

피칭이나 치핑 때 클럽 페이스의 형태를 관찰해 본 적이 있는가. 특히 토핑이나 뒤땅치기에 방향까지 오락가락하는 등 쇼트 게임에서 실수가 잦은 사람은, 임팩트 뒤 클럽 페이스가 어떤 형태가 되는지 점검하라. 대부분의 골퍼들은 스탠스나 공의 위치, 샷의 강약 정도에서만 찾으려고 한다. 물론 중요한 점검 포인트다. 그러나 어떤 샷도 마찬가지이지만 방향성을 개선하려면 임팩트 뒤 클럽 페이스가 그립과 평행이 되어야 한다. 이 말은 클럽 페이스가 평행이 되지 않았다면 공이 스퀘어 상태로 맞지 않았다는 증거다. 일부 아마추어들은 손목을 움직여 클럽 페이스를 조정하려 하지만 더 나쁜 결과를 가져다 줄 뿐이다. 이 점에 대해 그레그 터너는 몸통의 회전과 함께 페이스가 평행을 이루도록 해야 한다고 조언한다. 또 이를 교정하는 방법으로 그립할 때 오른손에 약간 힘을 더 주는 톱 핸드 그립을 하라고 말한다.

오른손에 힘을 더 주어 그립을 하면 골프채를 좀 더 오랜 동안 잡아 줄 수 있기 때문이다. 이 방법은 그레그 터너가 80년대 토너먼트에서 어려움을 겪고 있을 때 로저 데이비스가 알려 준 것이다.

아놀드 파머

불세출의 골프 영웅 아놀드 파머에 대해서는 긴 설명이 필요 없을 것이다. 공격적인 골프로 팬들을 열광시키지만 그의 넘치는 인간미는 팬들을 더욱 사로잡는다.

"먹구름에도 밝은 언저리가 있는 법이다. 이는 나처럼 어리석은 사람에게도 작은 희망이 될 수 있는 말이다."

1961년 LA 오픈 최종일 마지막 홀에서 무려 12타를 기록한 뒤 한 이 말은 프로 골퍼이기 전에 성숙한 인간의 면모를 보여 준다.

키 포인트

슬라이스 타법으로 강한 백 스핀을

드라이브와 롱 아이언 실력은 동료들을 감탄시키면서도 쇼트 게임에서는 신통치 못한 골퍼들이 의외로 많다. 사실 쇼트 게임 기량은 잡다한 이론적 설명보다는 부단한 연습이 최고다. 또 짧은 거리이기 때문에 처리 방법도 사람에 따라 천태만상이다. 아놀드 파머는 그린 전방에서 짧은 샷으로 핀을 공략할 때 슬라이스 타법으로 백 스핀을 최대로 끌어낸다. 물론 이 방법이 모두에게 맞는 것은 아니지만, 비교적 효율적이어서 아마추어들에게 소개한다.

골프에서 공을 똑바로 보내고자 하는 욕구는 모두 같다. 그러나 모든 상황에서 통용되는 것은 아니다. 또 아마추어들은 똑바로 치려고 하지만 공이 똑바로 가주지 않을 때가 많다. 따라서 짧은 거리에서 슬라이스성 타법으로 백 스핀을 걸어 핀을 공략하는 것이다.

먼저 백 스핀을 최대로 걸려면 테이크 백을 수평·수직선상에서 약간 뒤로 끌어내야 한다. 골프채를 일직선으로 당기려고 하지 말고 약간 뒤로 당겨 올리는 느낌을 갖는 것이다. 이렇게 되면 슬라이스 스윙을 하게 되어 최대한 백 스핀을 얻게 된다.

두 번째는 공을 보낼 지점을 선정하고 백 스윙의 크기를 결정한다. 눈으로 측정하고 나서 근육이 알아서 스윙 크기를 조절해 줄 정도면 다행이지만 그렇지 못하기 때문이다. 이 방법의 성공 여부는 그림처럼 골프채를 뒤로 당겨 주는 데 달려 있다.

그레그 노먼

　1955년 호주 출신인 그레그 노먼은 강한 힘과 자신감으로 볼을 치는 것으로 알려져 있다. 말도 많았듯이 이 불운한 골퍼는 많은 메이저 대회 우승을 눈앞에서 놓치고 결국 1986년 턴베리에서 열린 브리티시 오픈에서 우승했다. 골프에 대한 열성적인 그의 자세는 그에게 전세계에 걸쳐 60번 이상의 경이적 우승을 안겨 주었고, 이는 그를 세계 최고의 스포츠맨 재벌 대열에 오르게 하였다. 특히 카리스마적인 기질은 그가 플레이하는 곳이면 어디든지 많은 갤러리들을 따라다니게 하였다. 1980년대 초반 유럽 투어를 떠나 미국 생활을 시작했고, 현재는 그가 소년 시절 영웅으로 생각했던 잭 니클로스 집 가까이 살고 있다.

키 포인트

끝 세 손가락의 비결

　초보자가 아니라 웬만한 중급자들도 누구나 호소하는 것이 짧은 어프로치 샷의 어려움이다. 게다가 그린 앞쪽에 핀이 꽂혀 있고 그린과 볼 사이에 깊은 벙커라도 도사리고 있으면 아예 클럽을 든 손까지 떨린다. 이럴 경우에는 그레그 노먼이 제시하는 방법을 따라 보라. 숙달하기까지는 어느 정도 연습이 필요하겠지만, 볼을 때리기 직전에 왼손 끝 세 손가락을 느슨하게 해주면 볼은 높이 떠서 부드럽게 그린에 떨어지므로 런이 줄어든다. 이것은 오른손이 왼손 아래로 들어가며 클럽을 가볍게 위로 치는 동작을 만들어 줌으로써 볼이 빠르고 높게 튀어 올라 그린 위에 부드럽게 멈추게 되는 것을 의미한다. 이 샷을 정확하게 끝냈을 때 클럽의 바닥은 하늘을 향해 있게 된다. 그러나 이 샷을 시도할 수 있는 수준에 도달하려면 어느 정도 실력과 필드 경험이 갖추어져 있어야 한다. 충분한 연습이 최선이다.

17
U.S.
OPEN

톰 왓슨

　　1949년 9월 4일 미국 캔자스 시에서 태어난 그는 브리티시 오픈 5회 우승과 US 오픈, 마스터스 등 메이저 대회를 두루 섭렵한 가장 미국적인 선수다. 그의 긍정적인 사고 방식과 뛰어난 스포츠맨 정신은 많은 팬들의 존경을 받았고, 화려한 경력은 골프 명예의 전당에서도 확고한 위치에 있다. 왓슨은 미국에서만 32차례 우승했고 혼자서 획득한 상금 액수만도 600만 달러가 넘는다. 스탠포드 대학에서 심리학을 전공, 필드의 대학 교수라 불릴 만큼 이지적이며 스포츠 외에도 여러 분야에 조예가 깊다.

키 포인트

낙착 지점은 평평한 곳을 선택하라

　　앞의 그림은 신 제왕 톰 왓슨이 1982년 US 오픈에서 잭 니클로스를 꺾고 정상에 오를 수 있었던, 근대 골프사에 기록된 가장 멋진 샷 가운데 하나다. 톰 왓슨 자신도 골프 인생을 통해 영원히 잊지 못할 순간이라고 밝힌 바 있다. 이 샷은 모든 골퍼들에게 아주 교훈적인 장면으로, 당시 왓슨은 이 홀에서 온 그린에 실패해, 풀이 무릎까지 오고 그린에서 6피트 떨어진 비탈진 곳에 공이 떨어지는 위기를 맞았다.

　　지금부터가 왓슨이 보여 줄 오늘의 팁(tip). 핀까지 경사를 감안한 왓슨은 로프트가 큰 샌드웨지를 뽑아들었다. 이제 문제는 어떻게 치느냐. 골프 수준에 따라 처리 방법이 다르겠지만 왓슨은 그냥 홀 속으로 밀어 넣겠다는 욕심을 버리고 안전하게 그린 목표 지점에 올리는 것을 먼저 생각했다. 다음은 굴러가는 공에 맡기겠다는 것이다. 공은 왓슨의 계산대로 경사를 타고 흘러 홀 속으로 빠져 들었다. 결국 이 천금같은 버디는 대망의 US 오픈 정상으로 이어졌다.

　　대부분 아마추어들은 바운스를 이용해 홀에 붙이려는 데만 신경을 쓴다. 그러나 왓슨은 먼저 공을 안전하게 그린에 올려 놓는 것을 목표로 한 것이다. 어느 쪽이 현명한 것인지는 각자가 판단할 일이다.

매츠 래너

1961년 스웨덴 태생으로, 월드컵과 던힐컵에서 간판 스타로 맹활약한 스웨덴 골프의 선두 주자였다. 1987년 쳅스토우에서 열린 유럽 그랑프리 우승을 비롯해 각종 대회에서 상위권을 지켜 오고 있다. 특히 평균 280야드가 넘는 장타력이 일품이다.

볼 앞에 곧게 서라

칩 샷을 할 때 너무 오래 수그리고 있는 사람들이 많다. 물론 신중을 기하겠다는 뜻은 이해하지만, 오히려 샷에 대한 정확성과 집중력을 잃기 십상이다. 수그리는 것보다는 차라리 곧게 서는 자세가 좋다. 왜냐하면 두 눈으로 공을 위에서 직접 볼 수 있기 때문이다. 자신이 너무 수그리는 스타일이라고 판단되면 허리를 곧게 세워 연습해 보라.

또 한 가지 중요한 것은 칩 샷 할 때의 리듬이다. 아마추어 골퍼 대부분이 짧은 거리에서는 조급한 나머지 샷을 서두르게 된다. 그러나 물이 가득찬 양동이의 물을 흘리지 않고 흔든다고 생각하라. 모든 샷에도 적용되는 것이지만 특히 칩 샷에서는 놀랄 만큼 효과가 있을 것이다.

데이비드 길포드

1965년 영국 크루 태생으로 1985년 워커컵에 참여한 뒤 프로가 됐으며, 그 뒤 상금 랭킹에서 꾸준히 상승세를 유지하고 있다. 조용하고 겸손한 그는 경쟁자들로부터 뛰어난 기술을 인정받았으며, 1991년 벨프리에서 열린 영국 오픈에서 우승한 뒤 라이더컵에 참가해 유럽 프로들을 놀라게 했다. 1992년 알프레드 던힐컵의 영국 팀 우승 트리오가 되었던 그는 게임 내내 단 한 번도 패한 적이 없었다.

폴로 스루는 백 스윙 크기 같이

아마추어들은 그린 주변의 부드러운 잔디 위에서 샷 할 때 백 스윙은 길게 하지만 정작 공을 칠 때는 속도를 줄여 버린다. 즉 폴로 스루를 하지 않는 것이다. 짧은 거리라고 해서 폴로 스루를 하지 않으면 핀까지의 거리는 물론 방향까지 틀려지고 만다. 백 스윙을 길게 했다면 그에 비례하는 폴로 스루가 따라야 함은 스윙의 기본이다. 짧고 빠르게 쳐서 백 스핀으로 거리를 조절하겠다는 생각을 하지만, 아마추어들에게는 실패 확률이 높다. 오히려 그린 위에 부드럽게 안착시키고 핀에 근접시키려면 백 스윙 크기만큼 폴로 스루를 해주어야 한다. 연습장이나 코스에서 티칭 프로들이 가까운 거리일지라도 골프채를 끝까지 던져 주라고 주문하는 것은 바로 이 때문이다.

특별한 장애물이 없는 한 그린 공략은 공이 높이 떠서 가볍게 떨어지도록 하는 것이 정석이다. 이를 위해서는 폴로 스루가 필수적이다. 불안하고 조급한 나머지 스윙을 하다 마는 것은 미스 샷을 의미한다.

OPEN

러셀 클레이든

　1965년 영국 케임브리지 태생으로, 아마추어 시절인 1989년 워커컵 우승으로 각광받기 시작했다. 프로 입문 전에 호주 마스터스에서 그레그 노먼에 이어 2위를 차지하여 진짜 실력을 인정받았으며, 90년에는 '올해의 신인' 으로 선정되면서 스타덤에 올랐다.

　장타도 일품이지만 특히 트러블 샷은 압권이다.

트러블 샷 자신감을 가져라

　모든 트러블 샷에서 문제가 되는 것은 자신의 기량 발휘를 저해하는 부정적인 생각이다. 부정적 생각은 곧 미스 샷을 의미하기 때문이다. 육상 단거리 · 권투 · 레슬링 등 여타 스포츠와 골프가 다른 것이 바로 이 점이다.

　발목까지 오는 러프에서 과연 제대로 빠져나올 수 있을까 하는 생각이 지배하고 있다면 성공할 확률은 거의 없다. 만약 발목까지 오는 러프에 공이 빠졌을 경우, 러셀은 벙커 샷과 같은 방법으로 처리하겠다는 간단한 결론을 내린다고 한다. 러셀의 방법은 다음과 같다.

　먼저 샌드웨지의 블레이드 각도를 좀 많이 열어서 공 뒤 2~3인치 지점에 골프채를 떨어뜨려 준다. 두 번째는 아주 부드럽게 끝까지 스윙해 주는 것이다. 공을 의도적으로 꺼내기 위해 내리찍는다든지 핀으로부터 멀어질까 봐 스윙을 하다 마는 것은 바로 미스 샷의 전형이다. 로프트가 큰 샌드웨지인데다 페이스를 더 오픈시킨 만큼 공이 멀리 도망가지 않게 되어 있기 때문이다. 이것이 러셀이 강조하는 점이다. 백 스윙 크기만 조절해 골프채를 사뿐히 던져만 주면 십중팔구는 홀에 붙게 되고 1퍼트로 파 세이브 또는 버디까지 가능하다. 이지 앤드 칩이 성공의 비결이다.

로저 챕프먼

1959년 케냐 태생이지만 전 영국 아마추어 챔피언이었던 그는 유럽 투어에서 가장 훌륭한 스윙을 가진 골퍼 가운데 한 명이다. 상위권에서 각광을 받지는 못했지만 1984년 이래 꾸준히 상금 랭킹 40위권 안에 들어 있다. 워커컵 대표이기도 했던 그는 1985년 유럽 마스터스 대회 중 한 라운드 최저타인 61타를 기록하기도 했다.

어프로치는 오르막 퍼팅을 겨냥하라

토너먼트를 관전하다 보면 선수들이 어프로치 샷을 하기 전에 반드시 그린을 살피고 샷 위치로 돌아간다. 무엇을 보고 가는가. 물론 첫째가 정확한 핀 위치를 확인하는 것이다. 그러나 프로 골퍼들은 단순히 핀 위치 확인에 그치지 않고 퍼팅하기 유리한 지점까지 살피게 된다. 그린이 모두 평탄하지 않기 때문이다. 특히 그린에서 스트로크 손실이 많은 골퍼들에게는 대단히 중요한 대목이다. 그저 생각 없이 온 그린만 겨냥한다든지 무조건 핀에 붙이겠다는 샷은 그 다음을 보장받을 수 없게 된다.

어프로치 샷의 핵심은 바로 오르막 퍼팅을 겨냥하는 것. 예를 들어 공 위치에서 그린이 내리막 경사일 때는 홀을 지나게 샷 해야만 오르막 퍼팅이 가능하다는 뜻이다. 내리막 퍼팅은 모두 어렵게 느끼지만 특히 오른쪽으로 흘러가는 퍼트는 유독 까다롭다. 상식적인 조언 같지만, 애버리지 골퍼들로서는 이 점만 잊지 않아도 스코어를 확실히 줄일 수 있다.

타이거 우즈

　타이거가 어렸을 때였다. 해군 코스 2번 홀을 공략하고 있었는데 짧은 파 4홀에서 드라이브 샷이 오른쪽 숲 속으로 떨어졌다. 아버지가 어떻게 치겠느냐고 물었다. 잠시 생각한 타이거가 "나무가 너무 커서 공을 넘길 수 없어요."라고 하자, 아버지는 방법이 없겠느냐고 다시 물었다. 타이거는, "나무 사이로 빠져나가야 하지만 앞에 벙커가 있으니 차라리 왼쪽 페어웨이로 공을 꺼내서 다음 샷으로 온 그린시킨 뒤 1퍼트로 끝내면 파를 할 수 있겠네요."라고 답했다. 타이거의 능력은 이처럼 어려서부터 단련된 것이다.

그린 주변 러프에선 3번 우드 칩 샷도 효과

　국내 프로 골퍼들이 외국 대회에 출전해서 가장 곤욕을 치르는 것 가운데 하나가 그린 주변 러프 탈출이다. 러프가 워낙 무성해 클럽이 잘 빠져나오지 않기 때문에 어느 정도 힘으로 샷을 해야 할지 어려움을 겪는 것이다. 이때 3번 우드는 효과적인 러프 탈출 무기가 될 수 있다.

　타이거 우즈는 1996년 US 오픈에서 3번 우드로 칩 샷을 시도해 톡톡히 재미를 봤다. 그 뒤 그린 주변 러프에 공이 빠졌을 때 3번 우드로 칩 샷을 하는 그의 모습을 자주 볼 수 있다. 3번 우드는 아이언에 비해 러프에서 쉽게 빠져 나올 수 있도록 디자인되어 있다. 3번 우드로 칩 샷을 할 때는 골프채가 길기 때문에 안정감을 높이기 위해 우선 그립 밑부분 샤프트를 잡아야 좋다. 그리고 퍼팅 그립과 비슷하게 양 손바닥 면으로 클럽을 가볍게 잡는다. 특히 오른손 엄지손가락과 집게손가락을 샤프트에 가볍게 올려놓아 안정감을 얻을 수 있다. 이렇게 해야 공의 터치감도 잘 느낄 수 있다. 이어 손목 스냅으로 공을 '툭' 쳐내면 된다. 이때 가장 주의해야 할 점은, 왼팔을 일직선이 되도록 쭉 펴야 한다는 것이다.

　아울러, 긴장을 풀고 편안하게 스트로크해야 한다. 자신감이 없거나 긴장하게 되면 자신도 모르게 스트로크가 빨라지고 결국 거리 조절에 실패한다.

BUNKER PLAY

벙커 플레이

세베 바예스테로스

“나는 카우보이와 인디언 이야기책을 좋아한다. 1979년 브리티시 오픈이 열리는 동안 나는 게임에 대한 두려움을 잊을 때까지 그 책을 읽었고 대신 인디언을 걱정하기 시작했다.”

그는, 자신의 첫 번째 메이저 대회 우승이었던 로얄 리덤에서 열린 브리티시 오픈에서 마지막 라운드를 앞두고 어떻게 해서 침착성을 잃지 않을 수 있었는지를 이같이 설명한 바 있다.

긴 벙커 샷 성패는 어드레스가 좌우

벙커 샷 요령을 터득한 사람은 공이 좋지 못한 라이에 놓이느니보다 차라리 벙커 샷이 편하다고까지 한다. 그러나 많은 아마추어 골퍼들은 여전히 벙커 샷에 대한 공포를 갖고 있다. 더구나 그린에 근접한 벙커가 아니고 약간 멀리 떨어져 있을 때는 더욱 난감해 하고 자신 없는 샷으로 실수를 연발한다. 그린에서 멀리 떨어졌을 때의 전형적인 실수는, 거리를 의식한 나머지 너무 힘을 가해 클럽 헤드가 모래 속에 파묻혀 버리는 것이다. 또 반대 유형으로 깨끗하게 넘긴답시고 모래를 너무 적게 취해서 약하게 스윙하고 마는 경우가 있다. 그러나 이 샷의 핵심은 힘에 의존하는 것이 아니다.

첫째가 올바른 어드레스다. 평상시보다 공으로부터 좀더 멀리 서고 양발은 어깨보다 넓게 하며 발 양쪽 끝을 밖으로 벌려 준다. 이렇게 하면 아주 낮은 스윙을 유도하게 되어 모래를 적게 커트하며 핀 쪽으로 공을 보낼 수 있다.

또한 양팔을 이용해 높은 폴로 스루를 끌어내는 것도 롱 벙커 샷의 요건이다. 이는 공의 속도를 밑에서부터 높여 주기 때문에 공을 직접 가격하는 홈런성 미스 샷을 방지할 수 있다.

Bank of England
I PROMISE TO PAY THE BEARER ON DEMAND THE SUM OF
FIVE Pounds
L89 228915
L89 228915
London
For the Gov and Comp.
of the BANK of ENGLAND
Chief Cashier

토니 잭클린

"퍼팅이 잘될 때는 그린 밖에서 나는 어떤 소리도 들리지 않는다. 하지만 퍼팅이 안 될 때는 100야드 떨어진 곳에서 주머니 속의 동전 부딪치는 소리도 들리게 된다."

돈 위에서 볼을 걷어내라

프로 골퍼들은 벙커 속에서 특별한 라이가 아닐 때는 가급적 모래를 적게 커트함으로써 제구력과 정확성을 높인다. 그러나 벙커 샷에 대한 불안감이 있고 스윙 궤도가 일정치 못한 아마 골퍼들에게는 미스 샷 확률이 높아 쉽게 권장할 수 없다. 공이 깊은 발자국 속에 빠져 있거나, 모래 상태 등에 따라서는 분명 모래를 많이 커트해야 할 때가 있다. 하지만 모래 상태가 보통이거나 평범한 라이에서는 얕게 모래를 취하는 과감한 샷이 파 세이브 또는 버디를 안겨 줄 수 있다.

토니 잭클린의 경우 공 밑에 5파운드짜리 지폐가 깔려 있다는 상상 아래 샷 때 지폐를 건드리지 않고 공만 친다고 생각한다. 이 방법은 스트로크에 대한 두려움에 과감하게 맞서는 정신적 무장이다. 이 정도의 벙커 샷을 할 수만 있다면 그린 사이드 벙커를 의식하지 않고 직접 핀을 겨냥할 수 있어 경기력을 배가시킬 수 있는 인플레이션 효과까지 볼 수 있다.

앤드류 셔본

1961년 잉글랜드 태생으로 유럽 투어에서 활약하고 있다. 그는 1984년 투어 스쿨에서 자격을 얻어 투어 프로가 되었으나 상금 랭킹 하위권으로 밀려 1985년과 1986년에 자격을 다시 얻기 위해 스페인으로 돌아가야 했다. 매번 성공적이었으며, 그의 이러한 노력은 1991년 마드리드 오픈과 1992년 스페인 오픈에서 우승함으로써 결실을 거두었다.

장거리 벙커 샷 때 체중은 약간 왼쪽에

대부분 아마추어들이 그린에서 조금 떨어진 장거리 벙커 샷 때는 지레 겁을 내지만 실제 페어웨이에서의 샷과 다를 것이 없다. 다른 것이 있다면 오히려 겁을 먹는다는 점일 것이다. 페어웨이에서 5번 아이언으로 쳤다면 벙커에서도 5번 아이언으로 치면 목표 지점으로 보낼 수 있다. 그러나 단 한 가지, 페어웨이에서 샷 할 때보다 어깨를 약간 왼쪽으로 기울이는 것이 효과적이다. 이어 모래를 피해 공만을 탈출시킨다는 집중력이 필요하다. 이때 시선은 공 뒤에 두는 것보다 공 위쪽에 두는 것이 클린 히트에 도움이 된다. 하지만 지나치게 체중을 이동시켜서는 안 된다. 페어웨이에서 하듯 몸의 중심을 약간 왼쪽으로 기울여만 주면 날카로운 샷이 가능하다. 성급한 스윙은 지금까지의 모든 셋 업이 무용지물이 되므로 여유 있는 테이크 어웨이가 성패의 관건이다.

칼 메이슨

1953년 영국 태생인 칼 메이슨은 아마 시절 영국 청소년 대회에서 두각을 보이기 시작했다. 프로 전향 후 한때는 아프리카 사파리 투어에서 활약하면서 케냐 오픈에서 첫 우승했다. 1974년부터는 유럽 투어로 활동 무대를 옮겨 다섯 차례 준우승을 한 바 있다.

샌드 웨지를 모래 속에 파묻어라

티 샷이나 세컨드 샷한 공이 벙커에 들어가면 안타깝지만 이내 체념하게 된다. 그러나 상황이 더욱 꼬여 공이 모래 속 깊이 파묻혀 있는 것을 보면 대부분의 아마추어들은 게임을 포기하려는 듯이 실망한다. 여타 샷 때도 그렇지만, 문제는 맞닥뜨린 상황에 대처하는 마음 자세에서 승부는 이미 결정되고 만다. 즉 상황을 긍정적으로 받아들인 뒤 적극적으로 대응하는 것과, 부정에 따른 체념의 결과는 너무나 큰 차이가 있음은 당연하다.

공이 모래 속에 깊이 들어가는 것은 큰 문제가 아니다. 하지만 벙커로 가서 볼이 모래 속에 깊숙이 파묻혀 있다는 것을 알게 되면 대개의 아마추어들은 그린 위로 볼을 올릴 가능성은 없다고 생각한다. 그러나 실제는 그렇지 않다. 이런 상황이라고 해도 긍정적인 자세로 올바른 루틴을 따른다면 볼을 그린 위에 올릴 수 있고 핀에 가까이 붙일 수도 있다.

첫째, 오픈 스탠스를 취해야 한다. 샌드웨지를 이용해 백 스윙을 충분히 한 다음 볼 뒤의 모래 속으로 클럽 헤드가 파고들도록 강하게 다운 스윙하는 것이다. 폴로 스루 없이 팔로 클럽 헤드를 모래 속에 가능한 깊숙이 파묻는 것이다. 클럽 페이스를 더 오픈시킬수록 볼은 더욱 부드럽게 나올 것이고 런은 줄어들 것이다.

앤더스 포스브랜드

1961년 4월 1일 스웨덴 태생의 포스브랜드는 굴지의 자동차 메이커인 사브의 후원으로 유럽 투어에서 성공한 케이스다. 1987년 유럽 마스터스를 우승하면서 크게 약진하는 것 같았지만 스윙에 심각한 결점이 생겨서 주저앉게 되었고 레드베터에게 도움을 청하게 되었다. 포스 브랜드는, "나의 문제는 백 스윙에 있었고, 레드베터는 이를 바로잡기 위해 2년이 필요하다고 말했다. 1980년대 중반에 닉 팔도가 레드베터를 찾았을 때와 비슷한 문제점이었다."고 설명했다. 그는 1991년 볼보 오픈과 스웨덴의 헬렌 알프레드슨과 팀이 되어 벤슨 앤드 헤지 혼합 팀 트로피를 획득하면서 재기에 성공하였다. 또한 1992년 필립 모리스에서 주최하는 월드컵 골프에서, 매츠 래너 및 요한슨과 팀을 이루어 우승하면서 가장 성공적인 시즌을 맞았으며, 다시 볼보 오픈과 칸느 오픈에서 우승한 바 있다.

모래를 느껴 보아라

스탠스를 취하면서 꼭 유의해야 할 점은 모래 상태를 점검하는 것이다. 즉 모래가 어느 정도 깊거나 얕은지 또는 젖어 있는지를 살펴야 한다. 그러나 규칙에 의해 모래 상태를 클럽이나 손으로 점검할 수 없다. 모래 상태를 점검할 수 있는 유일한 방법은 바로 양발을 모래 속에 파묻을 때 느끼는 감각이다. 만약 양발로 측정해서 모래가 적고 딱딱하게 느껴지면 아래서 위로 떠올리는 듯한 샷이 되므로 아무래도 스윙 궤도가 가파른 각도를 보이게 된다. 따라서 스윙이 다소 커져야 하고 몸의 중심도 약간 앞쪽으로 기울여야 좋은 샷이 가능하다. 반대로 모래가 많고 깊을 때는 일반적인 벙커 샷 요령과 같다. 즉 전자와 달리 얕은 샷을 해야 하므로 클럽 페이스를 더 오픈시키고 스탠스를 취할 때 몸의 중심을 왼쪽에 두되 약간 뒤로 기우는 듯한 자세가 이상적이다.

마크 데이비스

　1964년 7월 4일생 영국 브렌트우드 출신으로, 1984년부터 영국 아마추어 선수권 대회에서 우승한 지 3년 뒤에 유럽 투어에 합류했다. 세베 바예스테로스까지도 칭찬할 만큼 타고난 스포츠맨인 그의 스윙은 다른 프로들의 부러움을 샀다. 1991년 호주 오픈의 우승에도 불구하고 병마와 부상으로 고전하기도 했다.

턱 낮은 벙커서는 퍼터를 사용하라

　정확한 상황 판단은 어설프게 스윙을 교정하는 것보다 낫다. 예를 들어 벙커에서도 주변 상황이 굳이 샌드웨지를 이용한 샷보다 퍼터로 굴리는 쪽이 유리할 때가 있다. 특히 턱이 높지 않은 그린사이드 벙커에 빠졌을 때는 이 방법이 핀에 붙일 수 있는 확률이 높기 때문이다. 단 이때 알아두어야 할 것은, 모래가 푸석푸석하거나 갈퀴로 긁혀 상태가 고르지 못할 때는 곤란하다. 벙커에서 퍼터 사용법을 익혀 두자.

　첫째, 일반 스트로크 때와 마찬가지로 공의 위치를 왼발 뒤꿈치에 맞춰 스탠스를 취하는 것이다. 그래야만 퍼터 페이스를 공 중심부에 맞추기 쉽기 때문이다. 둘째, 스트로크를 최대한 유연하게 유도해 공이 오버 스핀으로 굴러가도록 한다. 따라서 공을 때려서는 안 된다. 셋째, 핀까지의 거리를 측정하고 모래 위와 그린의 빠르기를 감안해 백 스윙 크기를 조절한다.

타이거 우즈

"벙커 샷 때 아마추어들의 가장 큰 문제는 두려움이다. 지레 겁을 먹은 상태에서 샷이 제대로 될 리 없다. 벙커 샷에 대한 기본을 알고 있다면 자신 있게 스윙만 해주면 볼은 튀어나오게 마련이다."

파묻힌 볼 모래 뒤 5㎝ 부분 찍어 쳐야

공이 모래 속에 깊게 묻혀 있을 때(일명 에그프라이) 아마추어 골퍼들은 먼저 당황하게 된다. 짜증이 날 뿐만 아니라 지레 겁을 먹게 된다. 이는 절반의 실패를 의미한다. 위기에서는 상황을 더 나쁘게 만들지 않는 것이 중요하다고 타이거 우즈는 강조한다.

마음을 차분히 가라앉히고 첫째 목표를 탈출로 정한다. 핀에 붙이겠다는 생각은 무모한 스윙을 만든다. 단지 공을 벙커 밖으로 내보내는 데 집중해야 한다. 가능하면 바로 공 뒤를 깊게 파 준다고 생각하라. 벙커 트러블 샷을 실패하는 가장 큰 원인은 위에서 아래로 찍어 치지 않기 때문이다. 거리 조절도 신경 쓰지 말아야 한다. 이 상황에서는 백 스핀이 걸리지 않기 때문에 낮은 탄도로 굴러간다.

다음은 샷 요령. 클럽 페이스를 약간 오픈하고 공을 스탠스 가운데에 둔다. 왼발에 체중을 둔 상태로 어드레스를 취하고 핸드 퍼스트 자세를 만든다. 클럽 헤드를 공 뒤쪽 약 5㎝에 정렬시킨다. 그리고 백 스윙을 할 때 채를 곧장 치켜든다. 평소보다 훨씬 가파르게 백 스윙해야 한다. 다운 스윙과 임팩트 과정에서는 오른손이 주도적 구실을 하며 강하게 찍어 쳐야 한다. 클럽이 모래에 들어가면서 각도가 날카롭게 변하므로 폴로 스루는 간결하게 해준다.

PUTTING

퍼 팅

세베 바예스테로스

"스페인 사람들에게 나를 더 깊이 기억시킬 수 있는 유일한 길은, 내가 그랜드 슬럼 대회에서 우승하고 마지막 18번 홀 그린 위에서 풀썩 주저앉는 것일지도 모른다는 생각이 든다."

자신에 맞는 편한 자세를 취하라

많은 아마추어들은 퍼팅 자세까지 톱 프로들의 스타일을 무조건 모방하려 든다. 물론 프로들의 자세가 자신에게도 적합할 수 있다. 그러나 무조건적인 모방은 잘못된 의자에 앉는 것처럼 불편해질 수밖에 없다. 그래서 퍼팅 자세만은 자신에게 맞는 스타일을 정착시키는 것이 중요하다. 공 바로 위에 뻣뻣하게 서는 스타일이 있는가 하면, 잭 니클로스처럼 반 이상 움츠려드는 듯한 자세도 있다. 나름대로 원칙이 있기 때문에 어느 것이 옳다 그르다 할 수 없다.

중요한 것은, 자신에게 가장 적합한 자세를 찾는 것이다. 또 라운드가 거듭될수록 조금씩 변해 가는 게 퍼팅 자세다. 즉 처음에는 편안했던 자세지만 계속해서 편할 수는 없기 때문이다. 그린에서 셋 업 할 때 퍼터 길이가 너무 길게 느껴지면 그것에 알맞게 무릎을 굽히거나 수그리면 된다.

의자에 앉아 있다가 불편해지면 조금씩 자세를 고쳐 앉는 것과 마찬가지다. 시간이 지날수록 약간씩 자세를 고칠 수밖에 없고, 또 고쳐 가야만 올바른 퍼팅이 가능하다. 문제는 편안하게 공에 스퀘어 되도록 자세를 취하는 것이다.

베른하르트 랑거

"가끔 나를 슬로 플레이어라고 지적하는 사람들이 있다. 그러나 나는 어떻게 정확히 스트로크할지에 열중하는 것뿐이다 .이는 스코어를 줄이는 최선의 방법이기 때문이다. 따라서 신중하다는 표현이면 모르나 슬로플레이어는 결코 아니다. 타수를 줄여 오히려 전체적으로 빠른 편에 속한다."

크로스 핸드로 일정한 스트로크 유도

퍼팅에 관한 연구와 노력에서 둘째가라면 서러워할 골퍼로 베른하르트 랑거를 빼놓을 수 없다. 이를 달리 말하면 그 만큼 퍼팅 때문에 고민했다는 뜻도 된다. 따라서 그의 퍼팅 스타일도 자주 바뀌고 있다.

특유의 크로스 핸드에서 얼마 전부터는 롱 퍼터를 사용하고 있다. 이 중 크로스 핸드 스타일은 1985년에 이어 1993년 두 번째로 마스터스 정상에 오르는 데 결정적인 역할을 했던 그의 트레이드마크라 할 수 있다. 크로스 핸드는 결정적 순간에 그를 괴롭혔던 입스 현상과 오른손목 움직임을 방지하기 위한 것으로, 이제 일반 골퍼들에게도 많이 보급되어 있다. 먼저 왼손으로 샤프트를 다소 길게 내려 잡은 뒤에 오른손으로 팔목과 샤프트를 감싸 준다. 크로스 핸드는 일반적인 그립을 할 때 오른손목이 움직여 퍼팅 선을 벗어나거나 스트로크를 하다가 마는 현상을 막아 주고, 보다 정확한 시계추 운동을 끌어낼 수 있다. 스트로크가 일정치 못해 고통받는 사람은 이 방법을 익혀볼 만하다. 그러나 숙달되기까지는 얼마간의 시간이 필요하다.

에두아르도 로메로

1954년 아르헨티나 태생의 로메로는 유럽 투어에 진출한 남미 선수 중 가장 재능 있는 골퍼로 인정받고 있다. 1988년 이래 유럽 투어에서 활약하고 있고, 1991년 프랑스 오픈과 스페인 오픈에서의 우승을 포함, 3년 동안 4승을 거두며 괄목할 만한 도약을 했다. 모든 일을 편안하게 생각하는 그의 생활 자세는 골프에도 반영되어, 미스 샷에 대한 불안감이 없으므로 자연스럽게 공격적인 자세로 임한다. 많은 비평가들은 남아메리카 출신으로서는 위대한 골퍼였던 로베르토 비센조 이래 최고의 타고난 골퍼라고 평한다.

쇼트 퍼트, 퍼터를 지면에서 떼라

프로 아마 가릴 것이 가장 까다로운 것은 1m 내외의 짧은 퍼팅이다. 롱 퍼트가 빗나가면 그럴 수 있다고 체념하지만 스코어에 결정적 영향을 주는 쇼트 퍼트 실수는 그 자체보다 그로 인해 파급되는 후유증이 크기 때문이다. 마치 전염병과 같아 나머지 게임에도 나쁜 영향을 준다. 특히 라운드 후반부에 쇼트 퍼트를 놓치면 게임에서 이길 확률이 낮아지는 등 치명적이고 다음 라운드 때까지 머리 속을 괴롭힌다.

다음은 에두아르도 로메로가 부친 알렉산더로부터 배운 쇼트 퍼트 해결책이다. 로메로에게 2피트짜리 퍼트는 가장 괴로운 순간이었다. 손이 떨리고 집중력도 떨어져 실수가 잦았다. 이때 그의 부친은 어드레스 때 퍼터 밑바닥을 지면에서 떼라고 조언했다. 퍼터 밑바닥이 그린과 맞닿아 있으면 우선 백 스윙에 문제를 만들기 때문이다. 그림에서처럼 퍼터를 지면에서 약간 떼어 주면 백 스윙이 유연해지고 헤드를 수평으로 바르게 뺄 수 있기 때문이다. 간단한 팁이지만 쇼트퍼트를 확실하게 개선해 주는 방법이다.

샌디 라일

"메이저 대회에서 꾸준히 경쟁할 수 있기 위해서는 상당한 자기 희생이 따라야한다. 그렇기 때문에 타고난 재능 부족과 마찬가지로 대부분의 프로들이 자기 희생 부족으로 뒤쳐지고 마는 것이다."

먼저 잔디결을 점검하라

골퍼들의 수준에 따라 그린에서 점검 포인트도 달라진다. 즉 실력파들은 퍼팅시 점검하는 부문이 더 세분화되기 때문에 성공 확률도 그만큼 높다. 스코어가 80대 정도에 이르면 거리, 경사 외에 잔디결까지 읽는 안목을 갖게 된다. 그러나 많은 사람들이 이 자체를 모르거나 엉뚱한 것에 집착하다가 순간적으로 망각하는 경우가 있다.

터무니없이 홀을 지나치거나 못 미치는 등 퍼팅이 들쭉날쭉하는 사람은 공을 터치하는 힘의 강약 외에 그린 잔디결이 어떤 방향으로 누워 있는지를 살펴보라. 즉 잔디결이 서 있는 곳에서 홀 쪽으로 흐를 때면 공이 빠르게 구르게 된다. 이럴 때 보통 때와 같은 힘으로 터치하게 되면 너무 빠르게 굴러 홀을 튕겨나오거나 크게 지나쳐 3퍼트를 피할 수 없게 된다. 반대로 잔디결이 자신이 서 있는 쪽으로 누워 있으면 잔디의 저항 때문에 평소보다 강하게 터치해야만 홀에 이르게 된다.

기본적인 팁이지만 실제 이를 무시하는 사람이 너무 많다. 그린마다 빠르기가 다르다고 불평하거나 3퍼트를 밥먹듯이 하는 경우는 바로 이 점이 함정일 수 있다. 스코어를 줄일 수 있는 결정적 요소인 만큼 확실하게 기억하라.

이안 우즈넘

"마스터스 우승을 앞두고 오거스타 GC 18번 홀서 마지막 퍼팅을 했을 때 느낌이 예전과는 크게 달랐다. 나의 기량이 예전보다 더 한층 성숙되어 있음을 확실하게 느낄 수 있었다."

그립을 약간 올려 잡아라

퍼팅 스타일은 각양각색이지만 그렇다고 기본을 무시해서는 곤란하다. 일반적인 잘못의 하나가 손을 너무 몸에 가깝게 대고 공 쪽으로 몸을 굽혀 셋 업하는 것이다. 이것은 몸의 정렬 밖으로 되어 있어 스윙이 밖으로 던져지는 것과 같다. 따라서 공도 의도한 라인을 벗어나게 마련이다. 이런 결점은 라운드 중 무의식적으로 나타나는데 공을 홀에 집어 넣으려고만 집착하기 때문이다. 이를 교정하기 위해서는 그립을 약간 올려 잡으면 클럽 헤드가 좀더 수평선상에 놓이게 된다. 손을 늘어뜨리지 않고 올려 잡기 때문에 손이 거의 공 바로 위에 위치하게 된다. 이렇게 되면 양팔이 편안한 삼각형을 이루며 정확한 백 스윙에 의한 시계추 운동이 가능해진다. 퍼팅이 안 되고 혼란스러울 때는 바로 이 점을 점검해 보라.

마크 칼카베키아

1960년 6월 12일 미국 네브라스카 라울렐 태생의 칼카베키아는 맨발로 골프를 배우기 시작했으며, 10대가 되어서야 골프화를 착용했다고 한다. 미국 투어에서 여러 번 우승한 그는 로얄 트룬에서 벌어진 브리티시 오픈에서 호주의 그레그 노먼, 웨인 그레디와 함께 벌인 플레이오프에서 우승했다. 그는 자신이 성공한 바탕은 13세 때 그의 가족이 추운 네브라스카에서 따뜻한 플로리다로 이사한 덕이라고 하며, 그곳에 가서야 일년 내내 골프를 할 수 있다는 걸 알았다고 한다.

천국으로 가는 5피트 퍼팅

핸디캡 18 이하 골퍼들의 스코어 개선 방법 가운데 하나는, 흔히 쇼트 퍼트라고 말하는 1.5m 이내의 퍼트를 성공시키는 것이다. 이 때문에 5피트 남짓한 거리를 '천국으로 가는 길'이라고도 한다. 즉 싱글 핸디 캐퍼라면 결코 놓쳐서는 안 되는 거리이고, 보기 플레이어 수준도 당일 스코어를 가름하는 관건이기 때문이다. 한마디로 당일 골프가 즐거울 수 있느냐, 즉 파를 할 수 있느냐 없느냐가 달려 있다. 그렇다면 5피트 거리를 어떻게 해결할 것인가.

첫째는 자신감이다. 이 정도 거리는 언제든지 넣을 수 있다는 확신이 있어야 한다. 실제 쇼트 퍼트 미스의 99%가 불안에서 비롯된다. 시도하기도 전에 혹시나 하는 마음이 앞서면 거의 들어가지 않게 되어 있는 것이 쇼트 퍼트다.

둘째는 라운드 전후를 통해 평상시 5피트 거리는 부담 없이 처리할 수 있도록 하는 훈련이다. 특히 라운드 직전에 반드시 10회 이상 연습하는 것은 필수적이다. 이때 거리감을 파악하기 위해 홀 위·아래서 절반씩 시도한다. 프로들에게는 15피트 거리가 아마추어들의 5피트나 마찬가지다.

프로나 아마 모두 이 퍼트를 넣을 수 있어야 다른 샷도 함께 상승 효과를 유발해 마음 먹은 스코어를 낼 수 있다.

벤 크렌쇼

"세인트 앤드류스의 로드 홀이 세계에서 가장 어려운 파 4홀인 까닭은 간단하다. 바로 파 5홀이기 때문이다."

퍼팅 라인에 카페트를 깔아라

골프만큼 이미지가 지배적인 스포츠는 드물다. 따라서 모든 골퍼들은 자신의 스윙을 그려볼 수 있으며 가급적 좋은 스윙 이미지를 기억하려고 노력한다. 퍼팅도 마찬가지다. 특히 긴 거리 퍼팅은 홀까지 가상의 퍼팅 라인을 그린 다음 터치의 강약만 조절하면 그만이다.

8~10피트 거리에서 신기에 가까운 퍼팅 실력을 자랑하는 벤 크렌쇼도 철저하게 이미지에 의존한다. 크렌쇼는 홀까지 퍼팅 라인에 빨간 카페트를 깐다고 생각한다. 공이 카페트 위를 굴러 홀 컵에 이르게 하는 것이다. 아무 생각 없이 홀만을 겨냥하는 단순한 시도에 확률이 있을 리 만무하다. 한 예로 1984년 마스터스에서 벤 크렌쇼가 보여 준 10번 홀 60피트짜리 퍼트는 지금까지 벤 자신도 가장 멋진 퍼트로 기억하고 있다. 물론 똑같은 상황으로 되돌아간다 해도 성공할 가능성은 거의 없지만 당시 벤은 공이 굴러갈 라인을 머리 속에 그린 뒤 소신껏 밀어 준 결과였다고 회고한다.

커티스 스트레인지

 1955년 미국 버지니아 주 태생인 스트레인지는 1988년과 1989년 연속 US 오픈에서 우승함으로써 일찌감치 명예의 전당 티켓을 확보해 놓았다. 1979년 펜사콜라 오픈에서 첫 우승을 한 이래 연이은 US 오픈 우승으로 17승을 거두었다. 그는 일곱 살부터 골프를 시작, 여덟 살이 되어서는 매일 골프를 했을 정도라고 한다. 부친이 버지니아 주에 있는 화이트 샌드 컨트리 클럽을 소유한 덕택에 일찍이 골프를 시작할 수 있었다.

직선으로 공략하라

 투어 프로들이 짧은 퍼트를 놓쳐 안타까워하거나 소문난 싱글 핸디 캐퍼가 의외의 쇼트 퍼트를 실패하는 모습을 가끔 보았을 것이다. 사실 그린에 올라서면 가장 까다로운 것이 3피트 정도의 쇼트 퍼트다.

 반드시 넣어야 한다는 심리적 부담 때문이기도 하지만 한편으로는 너무 예민하게 판단한 나머지 다소 기교를 부린다는 게 오히려 화근이 될 때가 많다. 이런 경우 가장 흔한 실수는 공이 홀 컵을 돌아나오는 것이다. 이는 홀 중앙을 향해 스트레이트로 밀어 주지 못하고 홀 컵 가장자리를 목표로 했기 때문이다. 따라서 이런 쇼트 퍼트는 기교를 부릴 줄 모르는 단순한 골퍼들이 오히려 성공 확률이 높다.

 물론 브레이크를 감안했다고 하더라고 홀 컵 가장자리를 겨냥하게 되면 약간의 힘을 가하게 되어 홀을 스치고 나오는 타구가 되기 쉽다. 따라서 쇼트 퍼트는 브레이크가 일어나지 않도록 홀 컵 중앙을 향해 자신 있게 똑바로 밀어 주면 그만이다.

이안 베이커 핀치

"사람들은 내가 1991년 브리티시 오픈에서 우승하기 전에는 메이저 대회에서 우승하기에는 너무 심약하다고 말했다. 그러나 그건 사실이 아니었다. 나의 게임을 방해하는 외부적 영향으로부터 자유롭기 위해 더욱 집중할 필요가 있었기 때문이었다. 1990년 닉 팔도가 세인트 앤드류스에서 우승했을 때 나는 그와 마지막 라운드를 하며 많은 것을 배웠다. 로프 안으로 들어온 갤러리들과 그들이 일으키는 먼지까지도 내게는 방해가 되었지만 닉은 전혀 느끼지 못하는 것 같았다. 그는 자신이 해야 할 일만 하고 있었고 훌륭히 해내고 있었다. 그에게 있어서 나는 다만 코스 안에 있는 거리 표시 말뚝 같은 존재였다."

키 포인트

속도감을 익히는 17인치의 원칙

매번 퍼트가 홀 컵에 미치지 못하는 사람이 있다. 만약 의도적이라면 이런 유형의 골퍼는 스코어 향상에 한계가 있게 마련이다. 그러나 실제는 스피드나 페이스 조절 요령을 모르기 때문이다. 따라서 연습 그린에서 퍼팅할 때 홀 컵에 넣는 것에만 집착하지 말고 구르는 속도를 느껴야 진짜 연습한 효과가 나타난다. 예를 들면 퍼트한 공이 홀 컵을 지나쳤을 경우 보통 17인치(약 40㎝) 정도 지나는 것이 상식이다. 이는 'Never up, Never in' 즉 '다다르지 않으면 들어가지 않는다.' 는 톰 모리스의 유명한 격언과도 상통하는 얘기다.

그렇다면 공 구르는 속도나 거리감을 어떻게 익힐 것인가. 이안 베이커 핀치는 동전과 두 개의 티를 이용하는 방법을 제시한다. 연습 그린 적당한 지점에 동전 하나를 놓고 바로 뒤 17인치 지점에 공 하나가 지나갈 정도로 두 개의 티를 꽂는다. 이는 곧 공을 홀에 넣는다기보다는 보다 정확한 지점으로 옮기는 훈련을 하는 것이다. 이런 연습을 반복하다 보면 결국 짧게 치는 퍼트는 사라지게 되며, 거리에 필요한 속도를 파악할 수 있을 것이다.

톰 왓슨

네 번이나 라이더컵 미국 대표였던 왓슨은 1993년 미국팀의 주장을 맡으며 이렇게 말했다. "브리티시 오픈에서 경기를 하는 것보다 라이더컵에서 더욱 압박을 받는다는 것은 의심의 여지가 없다. 인간의 역량과 정신, 인간의 능력을 극도로 시험받게 되는 것이다."

내리막에서는 토우로 쳐라

프로 골퍼들이 토너먼트에서 그린을 공략할 때 무조건 홀에 붙이려고만 하는 것이 아니다. 이들은 온 그린 뒤에 어떤 퍼팅을 할 것인가까지 계산하고 그린을 공략한다. 즉 경사가 심한 내리막 퍼팅보다는 소신껏 터치할 수 있는 오르막 퍼트를 겨냥하고 아울러 복잡한 퍼팅 라인은 피하려고 하는 것이다.

그러나 아마추어들은 이렇게까지 정교하게 그린을 공략하기란 쉽지 않다. 따라서 온 그린이 됐더라도 까다로운 지점에 공이 놓이게 되면 또다시 곤경에 처하게 된다. 특히 빠른 그린에서 내리막 퍼팅을 하게 될 때가 대표적이다. 그저 평상시보다 약하게 터치하겠다는 단순한 생각만으로는 좋은 결과를 기대하기 어렵다. 이에 따른 테크닉이 필요하다.

톰 왓슨은 이런 경우 퍼터 앞부분을 이용한다. 퍼터의 스위트 스포트에 공이 맞게 되면 아무래도 많이 구를 수밖에 없다. 그러나 퍼터 앞부분을 이용하면 정상적인 터치를 해도 많이 구르지 않게 되어 있다. 이는 내리막 퍼팅이라 해서 너무 약하게 터치해 오히려 홀에 미치지 못하는 실수까지 방지할 수 있다.

페인 스튜어트

　1957년 미국 미주리 태생인 페인 스튜어트는 화려하고 독특한 복장과 개성 때문에 가장 미국적인 선수로 통한다. 1989년 PGA 선수권 대회 우승과 1991년 US 오픈 정상을 차지하며 스타덤에 올랐고, 1999년 또 다시 US 오픈을 석권, 최전성기를 맞음으로써 위대한 골퍼임을 확인했다. 그러나 1999년 10월 27일 투어 선수권 대회에 출전하기 위해 플로리다에서 댈러스로 이동하다 자가용 경비행기 추락 사고로 사망했다.

볼 2인치 앞을 쳐다보라

　스트로크 때 왜 "머리를 들지 말라."는 것일까. 헤드 업이 나쁘다는 것은 알지만 그 이유를 모르는 골퍼가 많다. 특히 퍼팅 때는 더욱 그렇다. 헤드 업은 단순히 머리를 드는 것이 아니라 실제는 상체를 드는 것이다. 이렇게 되면 스트로크 때 정확한 궤도를 그리지 못하고 들어올리는 형태가 되어 퍼터 속도를 둔화시킨다. 결과는 공이 목표 지점에 못 미치게 됨은 물론 방향도 틀려지게 된다.

　원인은 제대로 굴러갈 것인가 하는 불안 때문이다. 이에 대해 페인 스튜어트는 스트로크 때 공을 직접 보지 말고 공보다 2인치(약 5㎝) 앞을 보라고 조언한다. 스튜어트는 91년 US 오픈 때 이 방법으로 우승할 수 있었다. 즉 시선을 미리 공 앞 2인치에 두게 되면 스트로크 후에 공이 굴러가는 것을 어느 정도 확인할 수 있어 머리를 들지 않게 된다는 것이다.

　스튜어트는 이 방법으로 퍼팅 실력이 급성장해 동료들의 부러움을 샀었는데 헤드 업을 방지하는 확실한 효과가 있기 때문에 아마 골퍼들에게도 적극 권장한다.

그레그 노먼

"내가 막 다운 스윙을 시작했을 때 벌레 한 마리가 내 볼 뒤에서 튀어나왔고 나는 벌레를 치지 않으려고 최선을 다했다. 그 때문에 그런 드라이브 샷이 된 것이다." 서닝 데일에서 열리고 있던 유럽 오픈 도중 티 샷이 토핑이 되어 20야드도 채 나가지 않은 이유를 그레그 노먼은 심각한 얼굴로 전세계 기자들에게 설명한 바 있다.

새 치약 튜브를 짜듯 가볍게 그립하라

대부분 아마추어들은 롱 퍼트 상황을 맞게 되면 매우 당황하고 긴장하게 된다. 우선 나타나는 반응은, 거리가 길기 때문에 강하게 쳐야 한다는 생각을 갖게 되어 자연히 그립도 강하게 잡게 된다. 그러나 실제는 이와 반대여야 한다. 즉 롱 퍼트일수록 그립을 느슨하게 잡아야 헤드 무게를 이용한 터치가 가능하고 원하는 지점에 공을 보낼 수 있다.

그레그 노먼은 롱퍼트 때 마치 새로운 치약 튜브를 짜듯이 가볍게 그립한다. 이는 힘을 거의 가하지 않고 단순히 쇼트 퍼트를 처리한다는 느낌을 가지는 것이다. 반대로 힘을 주어 그립을 하게 되면 근육 반응 때문에 엉뚱하게 길거나 형편없이 짧아 3퍼트 함정에 빠지게 된다. 특히 토너먼트에 참가하는 프로들은 물론 아마추어 월례 경기에서 우승이나 메달리스트를 노릴 때 긴장하게 되면 이런 현상이 빈발한다. 이럴 때일수록 그린 위에서는 손과 팔의 긴장을 풀어 주는 것이 중요하다.

NAME
3

샌디 라일

“나는 아마추어에게 정석을 가르치는 것을 매우 좋아한다. 또 이들이 빠르게 발전하는 모습을 보면 가장 보람을 느낀다. 그런데 문제는, 가르치는 것이 무엇보다 어렵다는 것이다.”

볼 마크로 라인을

프로 골퍼들이 그린 위에서 공을 리플레이스 할 때 마치 귀금속을 다루는 듯한 신중함을 보인다. 내용을 모르는 사람들로서는 시간 낭비처럼 보일 수도 있다. 그러나 바로 이 같은 동작이 퍼팅 성공 확률을 높이는 요인이다. 프로들의 세심한 동작은 단순히 공을 리플레이스하는 것에 그치지 않고 공이 의도한 목표 지점으로 정확히 굴러가게 하기 위한 철저한 사전 준비다. 이들은 먼저 공의 라이를 살피고, 두 번째로 공에 새겨진 브랜드 로고 또는 번호를 이용한다. 공을 정확하게 터치하고 아울러 구르는 라인을 설정하는 것이다.

이는 또 집중력을 배가시키는 효과도 있다. 단순한 동작 같지만 이를 아는 것과 모르는 것의 차이는 크다. 지금까지 아무 생각 없이 그린에서 공을 아무렇게나 리플레이스했다면 이제부터 공에 새겨진 로고가 눈 아래에 오도록 하라. 물론 가장 어려운 것은 공이 굴러갈 라인을 설정하는 것이지만 그것은 아무도 도와줄 수 없기 때문이다.

낸시 로페즈

    1957년 6월 1일 미국 뉴멕시코 태생으로 투어에서 이기든 지든 항상 웃는 얼굴이어서 낸시라고 불린다. 미국 LPGA 투어에서 40승이 넘는 화려한 전적으로 골프 명예의 전당에 헌액됐으며 여자 프로 최초로 생애 상금 300만 달러를 돌파했다. 또 세 딸의 어머니로서 '투어 맘'의 선두 주자이기도 하다.

쇼트 퍼트는 과감하게 터치하라

    사람들이 긴 것보다 짧은 것에 겁을 먹는 것 가운데 하나가 퍼팅일 것이다. 쇼트 퍼트는 반드시 넣어야 한다는 점 때문에 프로나 아마가 똑같은 심리적 압박을 받게 된다. 쇼트 퍼트를 실수하는 데는 몇 가지 유형이 있지만 아마추어들에게 가장 흔한 실수는 임팩트 때 헤드 스피드를 줄여 버리는 것이다.

    백 스윙은 크게 해 놓고 정작 임팩트 때는 엉거주춤하기 때문에 공이 홀 컵을 비켜 나가는 것이다. 더구나 홀 컵 주변에는 스파이크 자국이 많아 소신 없는 터치는 이에 대한 저항을 받아 방향이 틀려지게 마련이다. 따라서 5피트 이내의 쇼트 퍼트는 일단 과감해야 한다. 한 예로 상대편으로부터 기브를 받은 뒤에 툭 밀어넣는 쇼트 퍼트가 백발백중 들어가는 것은 바로 이 때문이다. 다시 말해 백 스윙은 짧게 하고 임팩트 때는 헤드 스피드를 높이라는 것이다.

마크 오메라

1957년 노스 캐롤라이나 주에서 태어난 마크 오메라는 대기만성(大器晚成)의 전형을 보여 준 골퍼이다. 1980년 프로에 데뷔해서 1984년에 첫 승을 신고했고, 1998년에는 메이저 대회인 마스터스와 브리티시 오픈에서 패기 넘치는 젊은 프로들을 제치고 우승하는 등 40대 들어 전성기를 구가했다. 타이거 우즈의 바로 옆집에 살아 가장 친한 사이로 통한다. 농구와 하키 등에도 큰 관심을 보이는 열광적인 스포츠팬이기도 하다.

손목 각도를 일정하게 유지하라

1998년 마크 오메라가 오거스타를 정복할 수 있었던 원동력은 정교한 퍼팅이다. 특히 최종일 마지막 홀에서 5m짜리 버디 퍼팅으로 프로 데뷔 18년만에 첫 메이저 타이틀을 거머쥘 수 있었다.

오메라 퍼팅의 장점은 집중력이 강하다는 것. 오메라는 왼손보다 오른손을 자연스럽게 내려 잡는 퍼팅 그립을 취한다. 머리는 움직이지 않고 고정시키며 상체도 계속해서 정면을 향한다. 이러한 자세는 팔과 어깨가 편안한 상태에서 스트로크할 수 있어 퍼터 페이스가 목표의 정면을 향하게 해준다. 또 임팩트 때 퍼터 헤드를 약간 들어올리면서 스트로크함으로써 정확하게 거리를 조절한다. 릴리스할 때는 팔과 손목의 위치가 일정한 각도를 유지하며 부드러운 스트로크 진행을 돕는다.

오메라는 쇼트 퍼팅과 롱 퍼팅 때 약간 다른 이미지를 그리며 스트로크한다. 우선 쇼트 퍼팅에서는 공이 홀을 약간 지나 컵의 뒷벽을 맞춘다는 기분으로 자신 있게 스트로크한다. 롱 퍼팅 때는 홀에 최대한 가깝게 붙이는 것이 중요하기 때문에 스피드를 조절하는 데 집중한다.

타이거 우즈

"퍼팅은 그림을 그리는 것과 같다. 세계 어느 골프장을 가더라도 똑같은 그린은 없다. 따라서 그림은 항시 달리 그려져야 함은 당연하다. 머리 속으로 공이 굴러갈 길을 미리 그려 본 다음 그림대로 퍼팅하는 것이다."

몸을 세워야 손 · 팔 자유롭게 스트로크

아마추어 골퍼들은 퍼팅을 할 때 채를 짧게 잡고 너무 몸을 구부리는 경향이 있다. 공과 눈 사이가 가까워져 정확도를 높일 수 있다고 판단하기 때문이다. 하지만 이 같은 스탠스로는 다음과 같은 실수를 저지를 수 있다. 타이거 우즈는 "눈이 퍼팅 선을 자세히 살펴 볼 수 있는 알맞은 위치로 가져갈 수 없는 게 첫째 잘못이다."라고 지적한다. 또 양손과 양팔이 너무 몸에 달라붙게 되어 편안한 스트로크가 되지 않는다.

퍼팅에 왕도가 없다지만 눈의 위치는 공 바로 위쪽에 두어야 알맞다. 몸을 너무 구부린 자세에선 이 같은 눈의 위치를 지킬 수 없다. 즉, 퍼팅 의도 선보다 오른쪽을 바라볼 확률이 높다. 따라서 스트로크를 하는 동안 무의식적으로 공을 정확한 퍼팅 선으로 가져가기 위한 수정 동작이 나오게 된다. 물론 결과는 홀 컵을 비켜가게 된다.

반대로 좀 더 똑바로 선 자세를 취하면 수직에 가까운 자세가 되기 때문에 척추 각도가 굽지 않게 된다. 따라서 스트로크를 할 때 양팔과 손을 자유롭게 움직일 수 있는 공간이 확보된다. 그러면 긴장도 완화되고 감각도 향상된다. 따라서 퍼팅에서 중요한 두 가지 요소는 척추를 똑바로 세운 어드레스 자세와 공을 바로 위에서 바라볼 수 있는 시선이다. 그래야 견고한 퍼팅이 가능해진다.

펄 신

"프로들의 경우 샷을 하기 전에는 언제나 일상적인 준비 과정(프리 샷 루틴)이 있다. 예를 들어 퍼팅을 할 때 일단 공의 뒤쪽에서 퍼팅 라인을 살펴본다. 그 다음 공 옆으로 가서 표적 선에 평행이 되도록 한 뒤 두세 번의 실질적인 연습을 한다. 마지막으로는 홀을 두세 번 정도 처다본 뒤 실제로 스트로크 동작에 들어간다."

퍼팅 스피드 조절 연습법

많은 변수와 승부라는 중압감 속에서도 펄 신이 기복 없는 성적을 내는 것은 정교한 퍼팅 때문이다. 펄 신은 퍼팅에서 스피드가 가장 중요하다고 강조한다. 적절한 스피드를 유지하지 못하면 공은 올바른 라인을 따라갈 수 없기 때문이다. 반면에 내리막 경사에서 스트로크가 너무 강하면 공은 엣지까지 굴러가 이른바 '온탕냉탕'을 경험할 수밖에 없다.

올바른 퍼팅 스피드감은 처음 경기하는 코스에서 플레이할 때 특히 중요하다. 이를 연습하기 위해서는 라운드 시작하기 전 연습 그린에서 두 개의 홀 컵을 정하고 감을 익히는 것이 좋다. 이때 두 홀의 거리는 약 5m 정도 떨어지는 것이 좋다. 또 한쪽은 높고 다른 쪽은 낮은 경사를 택한다. 두 개의 공은 오르막에서, 또 두 개의 공은 내리막에서 각각 쳐 본다. 그리고 다른 조건은 같도록 하고 거리가 10m 정도 되는 지점을 다시 선정한 뒤에 똑같은 방법으로 연습해 본다. 이 같은 방법은 일정한 스피드 감에 대한 느낌을 찾을 수 있는 가장 적절한 방법이다. 퍼팅은 느낌이 중요하며 골퍼들은 각각의 다른 환경(그린)에 맞추는 수밖에 없다.

INSIDE INFORMATION

게임 전략

세베 바에스테로스

"골프 코스에서 내가 하는 유일한 말은, 캐디에게 그가 잘못한 것과 해야 할 것을 하지 않은 것에 대해 불평할 때뿐이다."

웨지 연습으로 템포를 찾아라

라운드에 들어가기 전 레인지에 들러 연습 공을 쳐 보는 것은 좋은 출발을 위한 기본이다. 그러나 연습에도 순서가 있다. 처음부터 마구 드라이버를 휘둘러 힘을 빼는 것은 오히려 역효과를 안겨 준다. 특히 아마추어들은 드라이브 샷에 집착하기 때문에 무조건 드라이버부터 꺼내게 된다. 이런 연습은 첫째 템포를 잃게 만들어 라운드를 시작하기도 전에 모든 것을 망쳐 버리게 된다. 그래서 투어 프로들은 대부분 웨지 샷으로 시작해 웨지 샷으로 끝낸다.

실제 드라이브 연습은 중간에 몇 번 하는 것이 고작이다. 웨지 샷으로 마무리하게 되면 드라이버를 비롯한 긴 클럽 연습으로 다소 빨라진 듯한 템포를 정상으로 되돌릴 수 있기 때문이다. 이는 곧 라운드를 시작할 때 성급하지 않도록 하는 예비 훈련이다.

세베는 1976년 로열 버크데일에서 열린 브리티시 오픈에서 이를 체험한 뒤 지금까지 이 연습 원칙을 고수하고 있다.

웨인 레비

1953년 뉴욕 태생으로 1978년 미국 투어에서 첫승을 올렸다. 특히 1990년에는 4차례나 우승을 차지하는 돌풍을 일으키면서 올해의 선수로 선정되기도 했다. 1982년 하와이언 오픈에서는 투어 선수 최초로 오렌지 색 컬러 공을 사용해 우승함으로써 화제가 된 바 있다.

타깃 골프를 위한 몸의 정렬

골퍼들 대부분이 지나치게 이론적인 측면에 집착하는 경향이 있다. 그러나 간단하게 생각할수록 좋은 것이 골프다. 다시 말해 기본적인 몇 가지에만 충실하면 그만이다. 간단한 예로 목표를 향한 올바른 몸의 정렬 같은 것이다. 정렬을 제대로 못한다면 아무리 좋은 스윙 기법이나 세계적 코치도 도움이 되지 못한다.

웨인 레비는, 스윙에 큰 문제가 없는데도 타구 방향이 자꾸 틀려지면 이를 점검하는 것이 우선이라고 조언한다. 습관화된 잘못된 몸의 정렬은 자신이 알 수 없기 때문에 타인으로부터 점검을 받아야 한다. 토너먼트 때 프로들도 이 부분에 특히 신경을 쓰고 연습하는데, 동료 선수들에게 자신의 몸 정렬 상태를 보아달라고 부탁하게 된다.

두 번째는 아무 생각 없이 공을 쳐서는 안 된다는 것이다. 이는 나쁜 버릇을 더 악화시키는 것과 마찬가지이기 때문이다. 먼저 클럽의 위치를 정하고 발과 엉덩이를 올바르게 정렬해야 한다. 이어 어깨가 어디를 향해 있는가에 따라 클럽 페이스가 그 쪽을 향하도록 한다.

공을 오른쪽에서 왼쪽으로 치려면 어깨를 닫고, 반대로 왼쪽에서 오른쪽으로 치려면 좀더 어깨를 열어야 한다.

잭 니클로스

"토너먼트에서는 우승도 있지만 실패도 그만큼 많다. 내가 우승 기회가 많았던 것은 단지 다른 사람보다 실수가 조금 적었기 때문이다. 토너먼트 때는 내가 늘 이겨야 된다는 기대가 항상 있었다. 그런 긴장감과 압박이 나의 골프 인생을 지켜 왔다고 생각한다."

티를 높게 꽂아라

티잉 그라운드에 서면 골퍼들마다 독특한 루틴(샷에 앞서 습관적으로 하는 행동)이 있다. 루틴은 골프 기량에 따라서 차이가 있게 마련이지만 핸디캡이 낮은 사람일수록 짜임새가 있고 전략적이다. 티 샷 때 티의 높이 조절도 이 가운데 하나다. 각자의 스윙 특성이나 상황에 따라 조금씩 차이는 있겠으나 문제는 아무 생각 없이 티를 꽂는 것이다.

대체로 아마추어들은 강한 바람이 불 때는 직감적으로 공을 세게 쳐야 한다고 생각한다. 또 공을 낮은 탄도로 보내려면 짓누르듯이 공 아래쪽을 가격해야 한다고 믿는다. 그러나 이것은 대단히 잘못된 생각이다.

이 같은 샷은 그림 위처럼 백 스핀이 형성되어 공이 높게 뜨면서 오히려 바람의 강한 저항을 받게 된다. 자연히 거리나 방향에서 손해를 볼 수밖에 없다. 따라서 니클로스는 늘 치던 방법으로 단지 집중력을 높여 공을 100% 스트라이크 하라고 권유한다.

리 트레비노

"수년 동안 하던 방식으로 스윙하는데도 불구하고 요즘에는 공이 목표 방향보다 다른 쪽으로 가는 경우가 많다. 가장 더울 때 두 차례나 브리티시 오픈에서 우승할 수 있었던 것은 내가 더운 지방에서 성장했기 때문이다."

젖은 날은 깨끗이 쳐내라

정상적인 코스 컨디션에만 익숙해진 골퍼들은 상황이 조금만 달라져도 당황하게 마련이다. 따라서 갑자기 바람이 분다거나 비가 오면 대처 능력이 없어 혼란을 겪게 된다. 이는 프로들도 마찬가지다. 기후 변화가 많은 곳에서 성장한 선수들은 악천후 때 실력을 발휘하지만, 이런 환경에 익숙하지 못한 선수는 갑자기 난조를 보이게 된다.

그렇다면 흔히 겪게 되는 우중 라운드에 대처하는 요령부터 알아보자. 비오는 날에는 공이 멀리 나가지 않는다. 이때 아마추어들은 거리를 의식해 평상시보다 강하게 치려고 한다. 그렇다고 공이 멀리 날아갈 리 만무하다. 오히려 미스 샷만 연발하게 된다. 이때 트레비노는 평상시 사용했던 클럽보다 몇 클럽 올려 잡을 것을 권한다. 한 클럽 정도가 아니라 아예 2~3클럽 올려 잡고 대신 그립을 샤프트에 가깝게 내려 잡는 것이다. 그립을 내려 잡게 되면 아무래도 클럽 다루기가 쉬워져 설령 목표 지점에 못 미치더라도 깨끗한 샷만은 가능하기 때문이다. 이는 거리도 보완하면서 클린 샷을 끌어낼 수 있는 테크닉의 하나다. 평범한 것 같지만 실제 코스에서 이를 시도하는 골퍼는 많지 않다.

그레그 노먼

"사람들은 아직도 내게 드라이버를 사용해서 볼을 벙커에 빠뜨린 것은 어리석은 짓이라고 말한다. 나는 거기까지 볼이 갈 줄 몰랐고, 왜 그랬는지조차도 깨닫지 못했다." 1989년 로얄 트룬에서 열렸던 브리티시 오픈 플레이오프에서 하마터면 마크 칼카베키아에게 우승을 넘겨줄 뻔했던 18번 홀에서의 티 샷을 그는 이렇게 설명하고 있다.

손으로 볼을 던져라

핀 위치가 까다로운 피치 샷을 할 때 그레그 노먼이 클럽 없이 맨손으로 샷 연습을 하는 것을 보았을 것이다. 이는 상상력을 동원해 어떻게 최선의 샷을 할 것인가를 가늠하기 위한 것이다. 다른 프로 선수들도 마찬가지지만 노먼은 이런 경우 손과 눈의 조화가 얼마나 중요한지를 알고 있기 때문이다. 또 노먼 특유의 루틴(샷 하기 전의 습관적 동작)이기도 하다. 이를 훈련하는 방법으로 연습 그린에서 손가락을 쓰지 말고 공을 손에 올려 목표 지점으로 던져 본다. 여기서 배워야 할 것은 탄도에 따라 공이 어떻게 떨어지는가이다.

그림에서처럼 핀이 그린 엣지에 가까이 있으면 공이 높이 떠 거의 수직으로 떨어져야 하고, 반대로 핀이 다소 멀리 있을 때는 굴러갈 거리를 염두에 두어야 한다는 뜻이다. 그렇다면 어떤 샷을 해야 할지는 자명하다. 마치 손으로 옮겨놓는 듯한 정확한 피치 샷의 비결은 바로 여기에 있다. 이런 동작을 반복한 뒤에 손으로 클럽을 잡아 보면 더욱 이해가 잘될 것이다. 이제부터 피치 샷에 앞서 먼저 빈손 샷으로 낙하 지점을 그려 보라.

게리 플레이어

"내가 만일 프로 골퍼가 되지 않았다면 목장을 경영했거나 아니면 의학과 근육 발달을 연구하여 전세계의 젊은이들이 튼튼한 몸을 가질 수 있도록 도왔을 것이다. 내가 무슨 십자군이냐고 할지 모르지만 사람들이 자신을 돌보고 가꿀 수 있게 할 일들은 많다고 생각한다. 신체를 돌보는 것은 인생에 있어서 최고의 투자다."

디보트를 두려워하지 말라

모처럼 기막힌 드라이브 샷을 한 뒤에 의기양양하여 다가갔을 때 볼이 페어웨이 디보트에 놓여 있으면 참으로 실망스럽다. 더구나 작은 내기라도 걸었을 때는 더 큰 실망을 하게 된다. "왜 이렇게 재수가 없을까. 도대체 오늘은 되는 것이 없다."는 식의 자조적 한탄이 절로 나온다. 그러나 너무 걱정할 것 없다. 상황을 제대로 파악하고 대처하면 얼마든지 목표에 가깝게 보낼 수 있다. 문제는 한 방의 샷으로 모든 것을 만회하려고 서두르는 데 있다. 성급하게 우드나 롱아이언을 뽑아든다거나 어차피 틀렸다는 식의 자포자기가 더 나쁜 결과를 초래한다. 상당한 테크닉을 요하는 샷이긴 하지만 몇 가지 체크 포인트만 지키면 된다.

첫째는 남은 거리에 연연하지 말고 로프트가 있는 클럽을 택한다. 두 번째는 체중을 왼발 쪽에 두고 왼손 그립을 다소 강하게 잡는다. 셋째는 클럽 페이스를 약간 닫아 주고 볼에서 좀 더 멀리 떨어진다.

이 같은 체크 포인트는 왼손이 샷을 주도하기 위함이다. 따라서 임팩트 때는 그림처럼 손이 클럽보다 앞서나가 끌어당기는 듯한 형태가 되어야 한다. 그렇다고 왼손을 너무 의식하다 보면 팔로만 칠 수 있다. 이때도 어깨 회전이 충분해야 함은 물론이다.

버나드 갤러거

1949년 스코틀랜드 태생으로 1967년 아마추어로 스코티시 오픈에서 우승해 주위를 놀라게 했고, 1969년 PGA 선수권 대회 우승으로 스타덤에 올랐다. 특히 골퍼로서 최고의 영예인 라이더컵 대표로 활약했으며 현역에서 물러난 뒤에는 오랫동안 유럽 팀 단장을 맡기도 했다. 또 영국의 대표적 골프장의 하나인 웬트워스 클럽의 헤드 프로이기도 하다.

플라이어를 조심하라

가끔 프로 골퍼들이 샷을 한 뒤에 엉뚱하게 멀리 날아가 버리는 공을 보고 어이없어 하는 것을 보았을 것이다. 이를 흔히 '플라이어' 라고 한다. 플라이어는 클럽 페이스와 공 사이에 어떤 이물질이 끼여 접촉이 깨끗하게 이루어지지 않을 때 일어난다. 결과는 공에 회전이 먹히지 않아 높이 뜨면서 엉뚱하게 멀리 날아가 버린다. 특히 러프 같은 곳에서는 플라이어가 흔히 발생하므로 주의해야 한다. 만약 플라이어가 발생할 것 같은 예감이 들면 아이언을 한두 클럽 낮춰 잡는다. 대신 풀 샷을 하면 거리는 보완되기 때문이다. 플라이어는 7번 아이언으로 샷 한 공이 때론 3번 아이언 거리까지 날아가 반대편 러프로 직행하게 된다. 따라서 플라이어가 발생할 만한 지점에서 샷할 때는 클럽 선택에 신중해야 하고 페이스에 이물질이 있는가를 살펴야 한다. 완벽하다고 느낄 정도의 샷을 했는데도 불구하고 공이 그린을 넘어가 버리는 것은 바로 플라이어 때문이다.

잭 니클로스

"나는 사업가이든 운동 선수든 간에 성공한 사람이라면 누구나 자기 중심적이어야 한다고 생각하고 거기에는 논란의 여지가 없다. 어떤 것을 잘하기 위한 노력은 다른 사람이 대신 해줄 수 없기 때문이다."

좌우를 살펴보라

구질이 일정하지 못한 아마추어들이 티잉 그라운드에 오르면 막연히 잘 맞아 주기만을 기대한다. 드라이브 샷을 어느 곳으로 보낼까 하는 차분한 전략보다는 불안한 나머지 아무 생각 없이 스윙하고 마는 것이다. 그나마 약간 전략적인 사람은 전방에 벙커 정도를 살피는 게 고작이다. 이에 대해 잭 니클로스는, 먼저 티잉 그라운드 방향과 높이를 살피고 다음은 전방의 장애물을 체크하라고 조언한다. 타구감도 좋고 잘 맞은 볼이 엉뚱한 곳으로 날아가는 이유 가운데 하나가 티잉 그라운드 방향을 살피지 못한 데 있다. 즉 티잉 그라운드가 페어웨이와 일직선으로 조성된 곳이 거의 없기 때문이다. 또 티잉 그라운드가 페어웨이보다 높은지 낮은지도 점검해야 하며, 특히 겨울철에는 임시 티잉 그라운드를 사용하는 곳도 있으므로 이에 대한 대책이 필요하다. 임시 티잉 그라운드를 사용할 때는 습관적으로 티 마크 위치를 살피고 두 클럽 정도 뒤에 티를 꽂는다. 예를 들어 전방 오른쪽에 워터 해저드가 있을 때는 주저 없이 왼쪽을 겨냥하는 등 철저하게 트러블을 피하는 게 상책이다.

벳시 킹

1955년 미국 펜실바니아 태생으로 골프 명예의 전당에 헌액된 여자 프로 골프계의 간판 스타이다. 1989년 미국 여자 오픈의 우승과 함께 6승을 올리며 모든 기록을 깨뜨려 버렸다. 같은 해에 33 라운드를 60대의 스코어로 끝내는 경이적인 기록을 세웠다. 프로가 되어 처음 8년 동안 24승을 올렸고 통찰력과 과학적인 부드러운 스윙이 매치되면서 슈퍼 스타로 떠올랐다.

확률의 골프를 하라

자신의 능력에 맞는 골프를 하라고 한다. 그러나 실제 많은 아마추어들은 능력보다는 막연한 기대와 요행을 바라며 무리한 샷을 시도한다. 예를 들어 아이언도 익숙지 못한 사람이 3번 우드로 온 그린을 노린다거나 롱 아이언을 뽑아 든다. 그러나 자존심이나 요행이 스코어를 지켜 주지 않는다. 그린까지 거리가 많이 남아 있다면 우선 손쉬운 클럽으로 공을 그린 가까이 옮겨 놓은 뒤에 다음 전략이 필요하다. 얼마든지 목표하는 스코어를 낼 수 있기 때문이다. 간혹 프로들도 자존심 때문에 무리한 샷을 시도해 씻을 수 없는 화를 초래하는데, 아마추어들은 더 말할 필요가 없다. 앞서 지적했듯이 이때는 안전하게 레이 업한 후 다음 샷을 시도하는 게 정석이다. 흔히 말하는 3온 1퍼트 작전이다. 30~40야드를 남기고 피칭 웨지나 샌드 웨지로 홀을 공략하는 것이다. 아울러 공이 놓여 있는 상태, 그린 경사 등에 따라 사용하는 클럽이 달라져야 함은 당연하다.

토니 존스톤

1956년 5월2일 로데지아 태생인 존스톤은 유럽에서는 최초로 시합 전에 야디지 굴레(거리를 재는 바퀴)를 사용하였고 모든 그린을 공략에 필요하도록 도표로 만든 최초의 플레이어였다. 그는 자신을 비웃는 다른 프로들에게 "그린을 읽는 것도 힘든 게임이고, 나는 가능한 모든 퍼팅을 성공시키고 싶었다."고 설명하였다. 그의 그러한 노력은 1992년 유럽 PGA 선수권 대회 우승을 포함해 4승을 올리게 했다.

키 포인트

스코어를 줄이는 15개의 볼

보통의 주말 골퍼가 매 라운드 전에 15개의 볼을 쳐 볼 수 있다면 핸디캡을 2,3점 줄일 수 있다. 토니 존스톤은, 스윙의 리듬과 템포를 얻기 위해서는 라운드 시작 전에 연습 볼을 쳐 봐야 한다고 조언한다. 보통의 주말 골퍼들은 즐기기 위해 골프를 한다. 솔직히 말하면 그런 사람들이 스윙 궤도나 모든 것들을 알려고 하지 않을 것이라고 생각한다. 그러나 스코어를 줄이기 위해서는 스윙에 리듬을 주는 것이 필요하다. 지나치게 서두른 나머지 첫 번째 티 샷을 OB 지역으로 보내고 마는 아마추어들이 무척 많다. 첫 홀에 9타를 친다면 두 번째 홀에 도착하기도 전에 그 날의 라운드는 악몽이 되고 만다.

토니 존스톤은 이 점에 있어서 철저한 워밍업이 필요하다고 조언한다. 왜 핸디캡도 유지하지 못할까 의아하게 생각되거든 좀더 일찍 골프장에 도착하여 코스 주변에 있는 연습장에 가서 몇 개라도 볼을 치는 것이다. 몸을 풀고 사무실에서 있었던 모든 일을 머리 속에서 털어 버림으로써 핸디캡을 줄이는 것이다.

비센트 페르난데스

　1946년 아르헨티나 태생인 비센트는 1990년 테네라이프 오픈에서 유럽 투어에서는 4번째 우승을 맞이하였다. 1979년 세인트 엔드류스에서 열렸던 유럽 PGA 선수권 대회 우승 이래 첫 승이었다. 그는 5번의 알젠틴 오픈 우승을 포함하여 남미에서만 10승 이상을 올렸다. 그의 일관성 있는 직선 타구는 일품이며, 1992년 영국 오픈에서 우승할 때 벨프리의 18번 홀 그린에서 90피트짜리 퍼팅을 성공시키기도 했다. 이 퍼팅은 토너먼트 우승 퍼팅으로는 가장 긴 퍼팅 가운데 하나이다.

하품하는 프로

　어느 프로가 하품을 하는 것을 보았다고 한다면 그것은 며칠씩 계속되는 5시간의 지겨운 경기 때문만은 아닐 것이다. 압박감을 느끼고 있을 때 하품을 하면 도움이 되기 때문이다. 하품을 하면 산소량을 증가시켜 긴장을 풀어 주게 된다고 생각하는 것이다. 스스로 한 번 시도해 보라. 하품을 하는 순간 공기가 가슴속에 가득 차는 것을 느끼게 될 것이다. 라운드 중 게임이 평소보다 잘되지 않을 때 이처럼 하품을 크게 하면 긴장으로 인해 호흡이 빨라지는 것도 방지해 주고 재앙을 불러오게 될 빠른 스윙의 위험도 줄어들게 될 것이다.

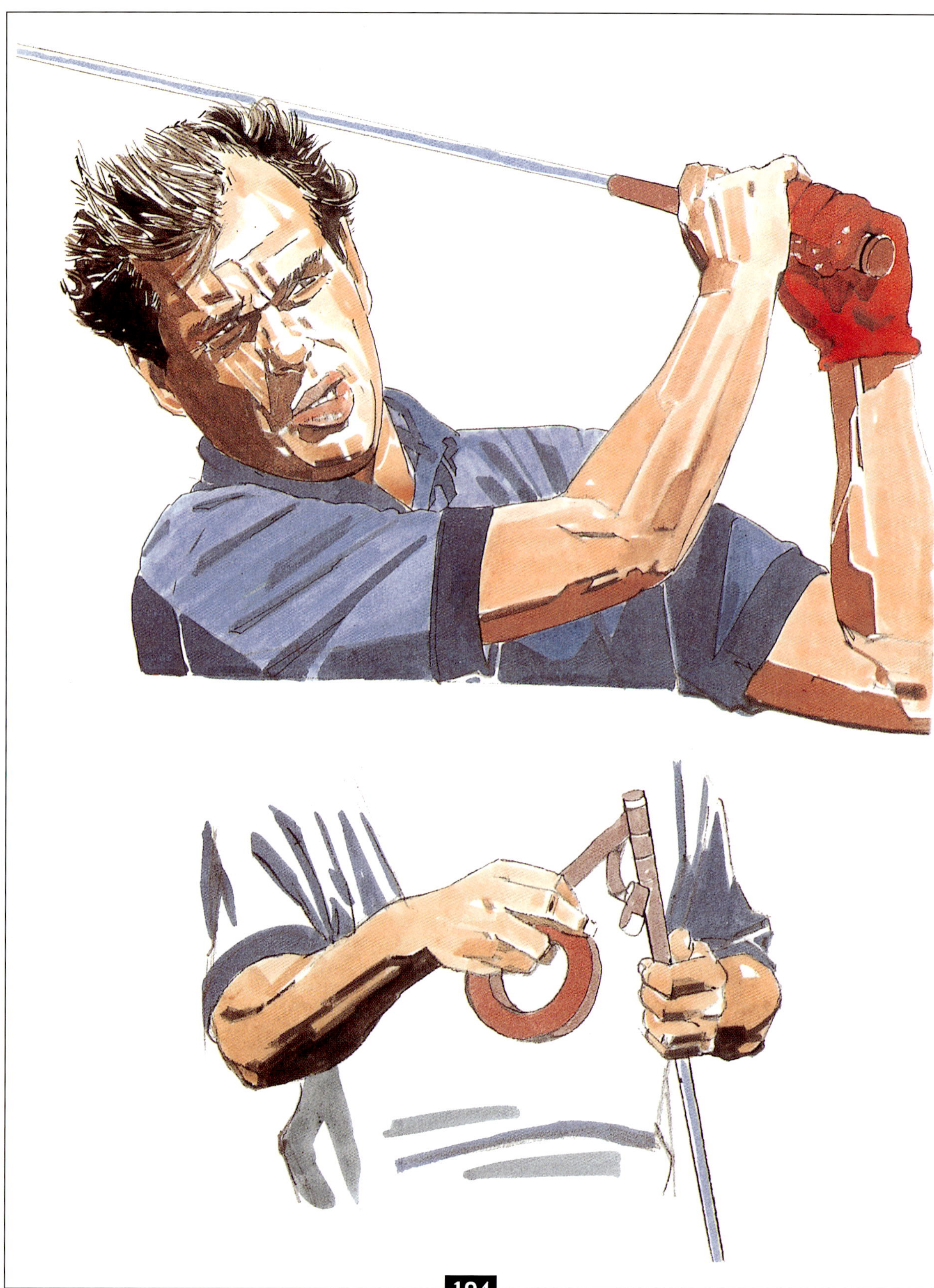

데이비드 제이 러셀

1954년 영국 버밍햄 출신으로 1974년 유럽 투어에 합류했다. 그러나 1984년, 지금은 없어진 카 인터내셔널에서 우승한 뒤에 조용히 골프계를 떠났다. 특히 골프를 분석하는 데 열정이 높았던 러셀은 큰 키 차이 때문인지 웨일즈 출신의 키가 작은 이안 우즈님과 유독 친했다.

손과 그립의 굵기

가끔 프로 골퍼들이 그립에 테이프를 감는 것을 보았을 것이다. 이는 사람마다 신체적 특징이 다르기 때문인데, 유독 손이 크거나 작은 사람들은 테이프를 감는 이유를 헤아려 볼 필요가 있다. 예를 들어 장신의 닉 팔도는 손도 크기 때문에 그립에 무려 12겹의 테이프를 감는다. 팔도의 손바닥에 굳은살이 박힌 것은 바로 이 때문이다. 만약 연습 공을 조금만 쳐도 손가락에 물집이 생겨 고생하고 있다면 그립 사이즈를 검사 받아야 한다. 일반적으로 테이프를 많이 감을수록 훅 볼 확률이 줄어든다. 반대로 손이 유독 작은 사람은 그립을 바꿔 보는 것도 바람직하다. 즉 제품의 원래 그립을 빼내고 좀더 얇은 그립을 끼워 보는 것이다. 직업 선수가 아니기 때문에, 또 원래의 그립을 손댈 수 없어 망설였다면 이 기회에 그립 굵기가 자신의 손에 맞는가를 점검해 보라. 만약 문제가 있었던 사람이 제대로 교정을 하게 되면 깜짝 놀랄 만한 변화를 느끼게 될 것이다.

크리스 패튼

1967년 사우스캐롤라이나 태생으로 1989년 US 아마추어에서 우승했고, 1990년에는 아마 자격으로 마스터스에 출전해 첫날 닉 팔도의 기록을 깨서 화제를 모으기도 했다. 그 뒤 프로로 전향해 호주 마스터스에서 우승하기도 했지만 미국 PGA 투어에서는 뚜렷한 성적을 올리지 못했다.

최상의 샷을 상상하라

방법이나 깊이의 차이는 있겠지만 샷 하기 전에 대부분의 골퍼들은 나름대로 전략을 생각하게 된다. 그러나 많은 아마추어들은 과정을 생략하고 그저 목표만을 생각하는 경향이 있다. 여기서 과정이라는 것은, 어떻게 좋은 샷을 할 것인지 미리 머리 속에 그려 보는 것을 말한다. 막연하게 온 그린만을 생각하기보다 최상의 샷을 상상해 보고 그대로 시행하는 것이다. 자신의 베스트 샷을 생각하면 머리 속에 잠재해 있는 미스 샷에 대한 나쁜 이미지를 없앨 수 있기 때문이다.

물론 말처럼 쉬운 것은 아니다. 그러나 인내하면서 이를 습관화해야 한다. 즉 공을 치기 전에 어떤 샷을 원하며, 어떤 방향으로 어프로치할 것인지를 머리 속에 그려본 다음 스윙에 들어간다. 스윙의 차이야 어쩔 수 없지만 생각마저 뒤져서는 상대를 이길 수 없다.

기량이 뛰어난 아마추어 또는 세계 유명 프로와 일반 골퍼의 차이는 바로 여기에 있다. 100과 90대, 80과 70대 스코어 차이 역시 이 부분에 달려 있다.

로난 래퍼티

1964년 북아일랜드 태생인 래퍼티는 천부적 자질을 타고난 골퍼로 알려졌다. 1981년 프로가 되기 전 영국 청소년 선수권과 영국 아마추어 선수권 대회에서 우승하였으며, 1989년 볼보 랭킹 1위에 오름으로써 그때 이미 90년대 최고의 골퍼 가운데 한 명이 될 것이 예견되었다.

자신에게 맞는 클럽

가끔 초보자나 아마 골퍼들의 경우 자신에게 적합하지 않고 또 잘 관리되지 않은 클럽으로 플레이하는 것을 자주 본다. 너무 가볍거나 무겁고 또는 길거나 짧은 클럽을 사용하는 것이다. 구체적으로 자신의 손 크기에 비해 그립이 너무 가늘거나 두꺼운 경우도 있고, 페이스의 홈이 닳아 있거나 먼지가 잔뜩 끼어 있는 것도 있다. 보다 나은 골프를 하기 위해서는 적합하고 잘 관리된 클럽을 사용하는 것이 매우 중요하다.

우선 여러 클럽들 가운데서 자신에게 맞는 클럽을 선택해야 한다. 어떤 프로 샵에 가더라도 사기 전에 볼을 쳐 보도록 허용하고 조언도 해줄 것이다. 로난 래퍼티는 클럽의 선택은 느낌의 문제라고 말한다. 실제로 프로샵에 가서 골라 보면 B라는 클럽을 잡았을 때에 비해 A라는 클럽을 잡았을 때의 느낌이 얼마나 다른지에 스스로도 놀라게 될 것이다. 일단 자신에게 맞는 클럽을 갖게 되었으면 관리를 잘해야 한다. 아마추어들도 그렇게 하라는 것은 아니지만, 최소한 그립은 뜨거운 물과 비누, 천으로 닦아서 밤새 말리는 것으로 깨끗이 유지할 수 있다. 이것 자체가 레슨이다. 라운드를 하고 클럽을 차 트렁크에 던져 넣었다가 다음 주에 다시 꺼내서 플레이하는 것은 이미 좋은 스코어를 포기한 것이다.

칩 벡

1956년 노스캐롤라이나 태생으로, 조지아 대학 시절부터 두각을 보이기 시작했다. 아마추어 시절 화려한 경력에 못지 않게 프로 무대에서도 대기록을 남긴 미국 투어의 간판 선수이다. 다방면에 재주가 있으며, 특히 투어 선수 가운데 표현력이 가장 뛰어나다는 평이다. 월드매치 플레이에서 스페인의 세베 바예스테로스에 대패했을 때 스스로 "혹독한 시련을 맛보고 있다."고 한 고백은 유명하다.

끝난 샷은 되돌릴 수 없다

"시위를 떠난 화살을 돌릴 수 없듯이 이미 끝난 샷도 되돌릴 수 없다."

골프 기량이 어느 수준에 이르면 수없이 듣는 얘기지만 참으로 안 되는 것 가운데 하나가 바로 이 부분이다. 미스 샷을 겸허하게 받아들이고 다음 샷에 최선을 다하라는 뜻이지만, 끓어오르는 자책과 후회가 쉽사리 지워지지 않기 때문이다. 그러나 골프가 한 단계 발전하기 위해서는 이것을 뛰어넘어야 한다.

이에 대해 칩 벡은, 차라리 트러블 샷을 즐긴다고 생각하면 해결책이 보인다고 조언한다. 즉 파 온에 실패하면 자신 특유의 노련한 치핑이나 어프로치로 홀 컵에 붙여 파 세이브하겠다고 생각하라는 것이다. 벙커 샷에 자신이 있는 사람이 그린 사이드 벙커를 타깃으로 할 때 오히려 좋은 결과를 얻을 수 있는 것과도 같은 이치다.

물론 이것은 하루아침에 이루어지지 않는다. 쇼트 게임에 능숙해지기까지는 피나는 노력을 해야 하기 때문이다. 따라서 미스 샷에 너무 집착하지 말고 다음 샷에 최선을 다할 수 있도록 자신을 다스리는 것이다. 미스 샷은 연쇄 반응을 일으키기 때문이다. 바로 이 부분이 인생과도 비유되는 대목이다.

호세 리베로

　1955년 스페인 마드리드 태생으로 가장 뛰어난 스트라이커로 칭송받고 있다. 특히 위기에서도 냉정함을 잃지 않고 경기를 풀어 가는 침착성 때문에 유럽 투어에서 여러 차례 정상에 올랐다. 이를 배경으로 1985, 1987년에는 라이더컵 유럽 대표로 출전해 특유의 기량을 과시했다.

골프는 집중력의 게임

　아마추어, 특히 주말 골퍼들의 취약점은 집중력 부족이다. 아무리 좋은 스윙을 가지고 있어도 완성도를 높이는 집중력이 따르지 않으면 그저 보기 좋은 스윙에 그치고 만다. 한마디로 실속 없이 폼만 좋은 유형으로 전락한다. 자신의 골프가 단순히 스트레스를 풀고 즐기는 것이라면 크게 문제될 게 없다. 하지만 좀더 좋은 스코어를 내고 싶다면 프로들과 같은 집중력을 키워야 한다. 그렇다면 집중력을 어떻게 높일 것인가.

　호세 리베로는 자신만의 루틴을 가지라고 강조한다. 즉 샷 하기 전의 습관적인 동작을 말하는데, 예를 들면 클럽을 일정한 방향으로 돌린다든지 고개를 일정한 횟수로 움직이다든지 해서 여유를 갖는 것을 말한다. 프로들은 이런 반복적인 동작에 대략 25초 가량을 소요하는데 샷 하기 전 25초 동안에 집중력을 최고로 높이는 것이다. 그리고 샷과 샷 사이에는 긴장을 풀기 위해 캐디와 이야기를 나누는 것도 좋은 방법이다. 다음 샷을 하기 전에 머리를 맑게 해야 하기 때문이다.

12°

브레트 오글

1964년 호주 시드니 태생인 오글은 유럽 투어에서 체격이 가장 빈약한 선수이지만 파워 샷은 일품이다. 특히 헤드 스피드가 무려 119mph로 측정된 바 있다. 또 닉네임이 '행운'이라는 것도 독특하다. 사연은, 공이 나무를 맞고 튀어 무릎을 크게 다쳤는데도 선수 생활에는 지장이 없어 아시안 투어와 유럽 투어에서 수많은 타이틀을 차지했고, 1992년에는 월드컵에서도 정상에 올랐기 때문이다.

드라이버에만 집착하지 말라

드라이버를 자주 교체하는 골퍼들이 있다. 교체 이유는 두말할 것 없이 거리나 방향성에 문제가 있기 때문일 것이다. 이는 곧 그만큼 어려운 골프를 하고 있다는 뜻이다. 그러나 이런 골퍼들이 간과해 버리는 것 가운데 하나가 새 드라이버에 적응하는 시간과 비용이다. 새 골프채의 성능이나 특성에 익숙해질 때까지 소요되는 시간과 비용을 무시하는 것이다. 이 같은 유형의 골퍼는 새 골프채에 적응할 때쯤 되면 또 다른 골프채에 관심을 보이게 되는 악순환이 계속되고 기량은 제자리걸음을 하게 된다.

자신이 이런 유형의 골퍼라면 브레트 오글의 충고를 음미해 볼 만하다. 오글은, 거리를 내는 데 반드시 드라이버를 사용해야 한다는 생각을 버리라는 것이다. 까다로운 드라이버보다 다루기 쉬운 3번 우드로 거리를 훨씬 더 낼 수 있기 때문이다. 또 정확한 히팅이 안 돼 러프를 전전하느니 차라리 로프트가 큰 우드로 페어웨이에 안착하는 것이 스코어 메이킹에 유리함은 자명한 이치다. 따라서 드라이버를 자주 교체하는 것보다 먼저 생각을 바꾸는 것이 현명하다.

콜린 몽고메리

　1963년 스코틀랜드 글래스고에서 출생한 몽고메리는 1993～1999년까지 7년 연속 유럽 투어 상금 왕을 차지한 유럽 최강 가운데 한 명이다. 하지만 2000년 현재까지 미국 PGA 투어는 물론 메이저 대회에서도 우승 경력이 없는 게 흠이다. 1994년 US 오픈, 1995년 미국 PGA 선수권 대회에서 준우승한 것이 미국 무대에서 올린 최고 성적이다. 1987년 프로에 데뷔했고, 음악과 영화 감상이 취미이다.

장애물 위치 따라 그립을 바꿔라

　티잉 그라운드에 섰을 때 위협적인 장애물이 보이면 대부분 골퍼들은 위축되게 마련이다. 그때 떠오르는 전략이란, 고작 장애물이 없는 방향으로 샷 하는 것이다. 하지만 유명 프로들은 안전한 곳을 겨냥하는 것 외에 상황에 맞는 구질을 선택해 페어웨이를 공략한다. 이를테면 왼쪽에 커다란 연못이 있을 경우 페이드로 안전한 왼쪽 지점을 겨냥하는 식이다.

　백전노장 몽고메리 역시 공을 원하는 지점으로 보낼 때 상황에 맞는 구질을 택해 샷한다. 이때 중요한 점은 그립 방법을 변경하는 것이다.

　만일 장애물이 페어웨이 오른쪽에 위치하고 있다고 가정하자. 그러면 오른손을 약간 바깥쪽으로 돌려 주고 왼손은 더 안쪽으로 돌려 잡아 주는 스트롱 그립을 취한다. 스트롱 그립은 임팩트 때 클럽 헤드를 더 많이 릴리스할 수 있어 공이 오른쪽에서 왼쪽으로 날아가는 드로우를 쉽게 구사할 수 있다. 반대로 만일 장애물이 왼쪽에 위치할 때는 그립을 잡는 오른손을 왼쪽으로 약간 돌려 잡는 위크 그립을 취하면 좋다. 위크 그립은 반대로 릴리스 동작을 줄여 주어 왼쪽에서 오른쪽으로 휘어지는 페이드 샷에 유리하다. 그립을 수정해 장애물을 피해 가는 방법은 한 가지 구질로 장애물을 피하려는 방법보다 훨씬 안전하고 편안하게 티 샷 할 수 있다.

건강한 골프

점점 더 많은 사람들이 건강한 삶에 관심을 보이고 있고 골프는 모든 개인이 어떻게 자신의 건강을 돌보는 것인가를 이해시켜 주는 게임이다. 닉 팔도는 손목이 골절되어 한동안 선수 생활을 중단했었고, 리처드 복스올은 1991년 로얄 버크데일에서 열린 브리티시 오픈 도중 드라이브 샷을 하다가 다리가 부러지기도 했지만 그래도 골프는 럭비나 축구보다는 가벼운 운동임에 틀림없다. 1990년에 미국의 존 홉킨스 메디컬 헬스는 골프 상해를 방지할 수 있는 여섯 가지 주의 사항을 내놓았다. 다음은 골퍼들이 지켜야 할 주의 사항이다.

1. 티 샷을 하기 전에 무릎을 굽히고 허리부터 천천히 숙여서 근육을 이완시켜 준다. 팔과 머리를 늘어뜨린 채 이 자세로 15~20초 동안 유지해 준다. 이것을 여러 번 반복한다.

2. 티 샷을 하기 전에 야구 방망이처럼 드라이버를 좌우로 흔들어 준다. 흔드는 정도를 점점 더 크게 하며 15회 정도 반복한다.

3. 가끔은 반대 방향으로 스윙을 몇 번 해준다. 즉, 오른손잡이거든 왼손으로 스윙해 주는 것이다. 이렇게 함으로써 몸의 균형을 지켜 준다.

4. 상체를 바로 세우는 것을 유지하기 위해서는 클럽으로 등을 가로질러서 팔굽 안쪽에 끼우고 걷는다.

5. 무엇을 집어들 때나 티를 꽂을 때는 항상 무릎을 굽혀야 한다. 허리 부분에 부담을 주지 않기 위해서다. 사람들은 홀 컵에서 볼을 집어들 때 무심코 허리를 굽히는 데 주의해야 한다.

6. 퍼팅을 할 때 무릎을 유연하게 하여 허리에 지나친 압력이나 휘어짐을 피해야 한다.

CHECK IT OUT
점검 사항

TREVILLION

세베 바예스테로스

"나는 의사를 믿지 않는다. 그들은 골퍼와 같아서 내가 겪고 있는 아픔에 대해 각각 다른 진단을 내린다."

취약점을 집중적으로 연습하라

무엇보다 먼저 자신의 골프 게임 중 가장 취약한 점이 무엇인가를 찾아서 그것을 연습해야 한다. 많은 아마추어 골퍼들은 아예 연습을 하지 않거나, 한다고 해도 잘 맞는 클럽만 가지고 연습한다. 그러나 현명한 골퍼는 자신의 취약점을 반복, 연습해서 이것을 가장 자신 있는 부분으로 만든 뒤에 다시 다음 취약한 부분으로 옮겨 가며 연습한다. 예를 들면, 3번 아이언이 맞지 않으면 3번만 연습하여 숙달하고, 다음에 어프로치가 안 되면 쇼트 어프로치에 매달려 극복을 하고, 다시 안 되는 퍼팅으로 연습을 계속해 가는 방법이다. 이는 끝없이 연습을 계속해야 한다는 뜻이 되지만 이것이 골프이고 기량은 그렇게 발전해 가는 것이다.

피터 콜먼

독일의 간판 스타 베른하르트 랑거의 전속 캐디로, 랑거가 세계 정상에 서는 데 결정적 역할을 해낸 장본인이다. 1991년 라이더컵에서 랑거가 6피트짜리 퍼트를 놓쳐 미국 팀에 우승 트로피를 넘겨주었을 때 그 압박감을 어떻게 견디었느냐고 묻자, "랑거는 압박감만 견디면 됐지만 나는 무거운 클럽 백까지 들어야 했다."고 한 말은 유명하다.

키 포인트

클럽의 선택 요령

토너먼트에서 프로 골퍼들이 클럽을 선택할 때 캐디와 상의하는 것을 자주 보았을 것이다. 특히 그린을 직접 공략하는 클럽의 선택은 정확성이 필수적이어서 혼자서 판단하기가 어렵다. 더구나 스스로 클럽을 선택하는 경우가 많은 아마추어들로서는 가장 까다로운 부분이기도 하다. 이제부터 제시하는 클럽 선택 방법을 알아두면 스코어 향상에 큰 도움이 될 것이다.

예를 들어 6~7번 아이언을 두고 고민하는 경우를 생각해 보자. 이때 첫째로 감안해야 할 것은 그린 주변 여건이다. 만약 그린 전후방에 벙커와 물이 없다면 짧은 클럽을 선택한다. 왜냐하면 짧은 클럽으로 풀 샷 하는 것이 긴 클럽으로 가볍게 치는 것보다 훨씬 쉽기 때문이다. 둘째로 고려할 것은 그린에서 홀의 위치다. 이 부분은 아마추어들이 거의 신경을 쓰지 못한다. 아마추어들에게 핀이 앞에 있을 때 6~7번 중 어느 클럽을 쓰겠느냐고 물으면 거의 짧은 클럽이라고 답한다.

그러나 그것은 잘못된 판단이다. 이유는 짧은 클럽으로는 그린에 올리지 못할 가능성이 많지만 긴 클럽으로는 홀을 약간 지나치더라도 그린 중앙에 떨어뜨릴 수 있기 때문이다. 반대로 만약 핀이 뒤에 있다면 긴 클럽을 선택하겠지만 너무 길어 그린을 넘기는 문제를 유발한다. 생각하면 아주 간단한 것을 아마추어들은 복잡하게 받아들인다.

개빈 레벤슨

1953년 남아프리카 요하네스버그 태생으로 처음 10년간 남아프리카 투어에서 상위권을 유지했고, 유럽 투어에서도 맹활약을 보였다. 1979년 벨지움 오픈에서 우승했을 때 많은 비평가들은 유럽 투어에서 그가 더 많은 타이틀을 차지할 것이라고 예상했다. 그러나 남아프리카 프로 골프 협회장이 된 그는 1991년 두 번째 유럽 투어 우승인 발레어 오픈 이후로는 이렇다 할 성적을 내지 못했다.

버클 이용법

폴로 스루를 할 때 허리띠의 버클 방향이 어느 곳을 향하느냐에 따라 공의 방향이 결정된다. 허리띠의 버클이 목표 방향과 일치하고 있다면 90% 이상 방향에서는 성공적인 샷을 한 셈이다. 그러나 전통적이고 너무 흔한 얘기여서 그런지 모르나 실제로 많은 골퍼는 이를 등한시하는 경우가 흔하다는 게 레벤슨의 지적이다.

하지만 분명한 것은, 폴로 스루 때 허리띠 버클이 타깃 왼쪽으로 향했지만 히프가 돌아가지 않았으면 심한 슬라이스성 구질을 피할 수 없게 된다. 이 가운데서도 대부분의 미스샷은 히프가 돌아가지 않는 데서 비롯된다. 특히 중장년층에 들어서면 허리 유연성이 떨어지기 때문에 히프를 돌려 주지 못하고 팔로만 휘두르게 된다. 또 초보자나 힘있는 사람일수록 팔의 힘으로만 멀리 보내려 하기 때문에 허리 회전이 안 되고 만다. 따라서 방향은 물론 거리까지도 이 같은 회전 메커니즘을 무시해서 손해를 본다.

조급한 마음을 자제하고 차분히 연습장에서 스윙부터 교정하라. 히프가 자연스럽게 돌아가 버클이 목표 방향과 일치하도록 하는 부드러운 스윙을 반복하는 것만이 유일한 해결책이다.

폴 에이징어

　1960년 몬태나 주 출신으로 1980년대 중반부터 미국 PGA투어에서 두각을 보이기 시작했다. 장신에 약간 마른 체격인 에이징어는 비교적 느린 스윙을 하고 있지만 거리만은 투어 동료들도 놀랄 정도로 대단하다. 독실한 기독교 신자이며 한때 임파선 암에 걸렸으나 불굴의 의지로 병마를 떨치고 투어에 복귀했다. 그의 첫 번째 국제 무대는 1987년 브리티시 오픈이었는데 최종일 라운드에서 두 홀을 남겨 놓고 닉 팔도에게 1타를 이기고 있었으나 마지막 홀 벙커에서의 실수로 우승을 놓치며 주목을 받았다.

클럽 헤드로 라인을 그려라

　골프에서 이미지 훈련은 맹목적인 수백 번의 연습 샷보다 훨씬 효율적이다. 폴 에이징어도 이 부분에 전적으로 공감하며 다음과 같은 방법을 제시한다. 먼저 클럽 헤드로 샷의 라인을 그리는 것이다. 대부분의 아마추어가 퍼팅에 앞서 라인을 읽고 또 알았지만 이를 총체적으로 활용하지 못하는 데 문제가 있는 것과 마찬가지다. 바로 구체적인 시도 방법을 그려보지 않기 때문이다.

　이는 샌드웨지, 퍼터, 드라이버 등 모든 클럽에 관계없이 매번 샷 하기 전에 어떻게 시도할 것인가를 미리 머리 속으로 그려보라는 뜻이다. 다시 말해 막연히 목표를 겨냥하기보다 자신의 스윙 형태와 구질을 감안해 어떤 과정으로 목표까지 보낼 것인가를 생각해 보는 것이다. 예를 들어 그린을 직접 공략할 것인지를 판단하고, 만약 오른쪽으로 공략하겠다면 오른쪽에서 왼쪽으로 어떻게 칠 것인가를 알아야 한다. 종합적인 판단이 서면 공이 나갈 방향을 그려 보고 스윙을 할 때 그 라인을 따르는 것이다.

앤드류 챈들러

　지금은 기업가로 성공한 챈들러는 무려 10년 이상 유럽 투어에서 활약했다. 투어 선수 시절에는 능력만큼 성적을 올리지 못했지만, 탁월한 경기 운영은 동료 선수들의 귀감이 되었다. 브라질 챔피언으로 유럽 투어에서 아직도 그의 명성이 회자되고 있다.

그립을 내려 잡아라

　골프를 하면 할수록 어려운 것 가운데 하나가 클럽 선택이다. 특정 클럽 외에 선택의 여지가 없는 확실한 상황에서는 문제가 없지만, 정확도가 요구되는 어중간한 거리에서는 누구나 망설여지기 때문이다. 그러나 아마추어에게 한 가지 확실한 조언을 한다면, 짧은 클럽보다는 긴 클럽을 잡으라는 것이다.

　여기에는 두 가지 이유가 있다. 첫째, 그립을 낮춰 잡아 거리를 조절할 수 있는 선택의 여지가 있고, 둘째, 가장 실망스러운, 그린에 못 미치는 짧은 샷을 예방할 수 있다는 점이다. 또 홀을 약간 지나치더라도 그린 상태가 홀 앞쪽보다 깨끗한 뒤에서 퍼팅할 수 있기 때문이다. 여기에다 짧은 클럽은 무리한 샷을 유발할 수 있지만, 긴 클럽은 리듬을 깨뜨리지 않고 샷 할 수 있어 유리하다. 믿음이 가지 않는다면 먼저 연습장에서 그립의 간격을 조절하면서 거리가 어떻게 변하는가를 점검해 보라.

O

러셀 클레이든

"사람들은 비정상적인 내 그립에 대해서 항상 얘기하고, 내가 그립을 보다 정상적인 방법으로 잡지 않으면 희망이 없다는 기사도 읽었다. 나는 개의치 않는다. 우리 모두는 자신에게 맞는 것을 찾고 그대로 밀고 나가야 한다고 생각한다."

스핀은 잊어버려라

대부분의 아마추어는 프로들의 샷을 흉내내려 한다. 이것이 때론 좋을 때도 있지만 이로 인해 손해를 보는 경우가 더 많다. 예를 들면, 그레그 노먼이나 이안 우즈넘같이 공에 백 스핀을 걸어 그린을 공략하는 것이 멋있게 보일지 모른다. 그러나 아마추어들이 이를 흉내내는 것은 아무래도 무리다. 이유는 두말할 것 없이 매우 어려운 샷이기 때문이다. 스윙은 물론 공을 완벽하게 쳐야만 가능한 샷이란 점에서 그렇다.

노먼의 공에 스핀이 많이 걸리는 것은 높은 커트 샷을 하기 때문이지만, 드로우 볼을 구사하는 선수는 공에 스핀을 가할 수가 없다는 점을 생각하면 이해가 될 것이다. 따라서 클레이든이 강조하는 말은, 자신만의 독특한 기술을 활용하라는 것이다. 즉 공에 어떻게 스핀을 걸 것인가보다는 어떻게 공을 의도한 거리에 보낼 수 있는가를 배우는 것이 중요하다. 만약 노먼이나 우즈넘에게 물으면, 스핀은 가급적 삼가라고 조언할 것이다. 대신 아마추어들은 바운스에 의한 공략, 다시 말해 한두 번 튀어 목표 지점에 이르도록 하는 것이 베스트 샷이라는 뜻이다.

이몬 다아시

　1952년 아일랜드 태생으로, 유럽 투어에서 가장 잘 알려진 골퍼 가운데 한 사람이다. 다아시는 가장 독특한 스윙 자세를 가지고 있다. 한 번은, 그가 스윙을 준비하려고 볼에 비틀거리며 다가갈 때 그의 스윙에 대한 생각을 물었더니, "다트를 던지는 것처럼 볼을 치기로 했다."고 대답했다. 실제로 그의 다트와 같은 스윙은 12번의 토너먼트 우승과 100만 파운드가 넘는 상금을 안겨 주었으며, 1975, 1977, 1981년 그리고 1987년 라이더컵에 참가할 만큼 그만의 독특한 테크닉인 셈이다.

볼을 좀더 오래 보라

　프로를 비롯한 모든 사람들의 미스샷 원인 가운데 하나는 머리가 움직이기 때문이다. 아마추어의 경우는 정도가 더 심하다. 그러나 훌륭한 골퍼들이 플레이하는 것을 보면 머리가 완벽하게 고정되어 있다는 것을 알 수 있다. 한때 다아시도 볼이 잘 맞지 않은 적이 있었는데 이유를 알 수 없었다고 한다. 그래서 크리스티 오코너 시니어와 함께 라운드를 하며 자신의 스윙을 봐 달라고 했더니, 그는, 스윙은 별 문제가 없다고 하면서 볼을 좀더 오랫동안 보라고 조언했다고 한다. 가능한 오래 머리를 고정하고 있으라는 것이었다. 이는 곧 볼의 뒷면을 볼 수 있고 스윙할 때 머리를 중심으로 회전축이 구축됐다는 뜻이다. 볼을 좀더 오랫동안 보라는 것은 결국 머리를 볼 뒤에 놓고 스트라이크할 수 있다는 말이다.

닉 팔도

"연습을 많이 할수록 게임을 잘할 수 있다는 것을 항상 깨닫고 있다. 프로 초년병 때 다른 프로들과 바에서 잘 어울리지 않아서 냉담한 놈이란 얘기를 들었는데 그 시간에 나는 연습장이나 퍼팅 그린에서 연습하고 있었기 때문이었다. 두 가지를 다할 수는 없는 일 아닌가."

거울 앞에서 연습하라

골프처럼 기본이 강조되는 운동도 없다. 어쩌면 기본이 전부라고 할 수 있을 정도다. 이를 입증하듯 세계 정상급 프로 골퍼들도 틈만 있으면 기본을 점검하는 것을 쉽게 볼 수 있다. 그 대표적인 것이 거울을 이용해 어드레스를 점검하는 것이다. 집이나 사무실의 거울을 이용해 매일 어드레스를 점검하는 것은 수백 개의 연습 볼을 치는 것보다 훨씬 효율적이다. 아무리 좋은 스윙을 갖고 있어도 어드레스가 잘못되어 있으면 무용지물이기 때문이다.

스윙 머신으로 불리는 팔도 역시 일관성 있는 샷을 만들기 위해 하루도 거르지 않고 거울 앞에서 어드레스를 점검한다. 어깨 방향이 어느 쪽을 향하고 있으며, 발의 위치는 올바른지, 또 그립은 제대로 되어 있는지를 살피는 것이다. 이때 클럽 하나를 목표 방향에 두고 어깨와 히프 그리고 발의 위치를 점검하면 더 효과적이다.

데이브 스탁튼

　　1941년 캘리포니아 태생인 스탁튼은 1964년 미국 PGA 투어에 합류했고, 곧장 미국 최고의 쇼트 게임 플레이어 가운데 한 사람이라는 명성을 얻었다. 그 뒤로 그는 1970년과 1976년 PGA 선수권을 비롯하여 11번의 투어 우승을 거머쥐었다. 현재는 시니어 투어에서 맹활약하고 있으며, 1991년 키아와 섬에서 미국이 승리했던 당시 라이더컵 주장을 맡기도 했다.

골프는 생각하는 게임이다

　　모든 스포츠가 그렇지만 특히 골프는 두뇌 게임이다. 따라서 두뇌를 잘 활용하는 사람과 그렇지 못한 사람의 골프는 근본적으로 다르다. 티칭 프로들 가운데서도 쉽게 원리를 설명하면서 이해를 시키는 부류와, 마냥 클럽만을 휘두르게 하는 유형이 있다. 어떤 티칭 프로가 유능한지는 두말할 필요가 없을 것이다. 이렇듯 골프는 정신적인 측면이 유독 강하다.

　　게임을 할 때도 마찬가지다. 예를 들어 티잉 그라운드에 올라 갈 때마다 무조건 드라이버를 잡는 골퍼와 홀에 따라 전략적으로 클럽을 선택하는 골퍼의 차이가 클 수밖에 없는 것도 이 때문이다. 실제 파5의 도그 레그 홀을 공략할 때를 생각해 보자. 존 댈리나 타이거 우즈 같은 장타자라면 2온을 목표로 드라이버를 사용할 수 있을 것이다. 그러나 분명한 것은, 이들도 상당한 위험 부담을 안고 시도한다는 점이다. 하물며 거리와 방향에서 모두 불확실한 아마추어가 군이 드라이버로 모험할 이유가 없는 것이다. 물론 파 5홀에서 드라이버 거리는 다음 샷의 유리한 조건을 보장한다. 하지만 2온이 목표가 아니라면 위험이 따르는 드라이버보다 좀더 쉬운 클럽을 선택하는 것이 훨씬 유리하다는 뜻이다. 각 홀에 핸디캡이 있는 것은 핸디캡을 따르라는 말이다. 어려운 4번 아이언보다 다루기 쉬운 5번 아이언이 거리가 더 나는 것도 같은 이치다.

Mizuno

웨인 그래디

    1957년 호주 태생인 그래디의 특징은 한쪽 다리가 짧아서 발을 저는 것이었지만, 지금은 전세계 투어에서 명성을 얻고 있다. 많은 업적을 이루었음에도 언제나 겸손하여, 같은 호주 출신의 외향적 성격의 그레그 노먼에게 가려져 있었다. 1990년 미국 PGA 선수권 대회 우승과, 1989년 브리티시 오픈에서는 비록 마크 칼카베키아에게 우승을 내주긴 했으나 플레이오프까지 진출함으로써 자신의 진가를 보였고, 세계 최고 골퍼 가운데 한 사람으로 이름이 올려졌다.

항상 볼을 보라

    웨인 그래디는 실력을 향상시키는 방법 가운데 전 스윙을 통해 볼에 시선을 집중하는 것만큼 중요한 것은 없다고 조언한다. 우리 모두는 거의 백 스윙과 다운 스윙을 할 때 볼을 제대로 보지 않아 미스 샷을 한다. 대부분 골퍼들은 볼이 어디로 갈 것인지에 마음이 급해서 스윙을 하면서 자동적으로 고개를 든다. 이것은 자연스러운 반응이다. 그러나 볼이 어디로 날아갈 것인지 걱정부터 하기 시작하면 볼의 방향은 이미 틀려진 것이나 다름 없다. 왜냐하면 토핑이 되어 볼의 방향을 염려할 필요가 없을 테니까. 내일부터라도 항상 볼을 의식해야 한다.

베리 레인

　1960년 영국 태생인 배리 래인은 유럽 투어에서 명성이 높은 정상급 선수이다. 1983년 자메이카 오픈, 1988년 벨 스코트랜드 오픈 등 숱한 우승 기록을 갖고 있으며, 특히 골프에 관한 한 천부적인 자질의 소유자로 평가받고 있다. 그의 타고난 재능은 3타차의 우승을 거둔 글렌이글스에서 증명되었고, 1992년 독일 오픈 등 많은 우승을 추가하며 재확인했다.

양발을 확인하라

　스윙에 큰 문제가 없는데도 공이 자꾸 엉뚱한 곳으로 갈 때가 있다. 이때는 먼저 공과 발의 위치를 점검해 보는 것이 순서이다. 자신은 올바른 자세를 취하고 있다고 하지만 실제는 그렇지 못하기 때문이다. 일반적으로 드라이브 샷 때는 공의 위치가 왼발 뒤꿈치와 직선 상에 있어야 된다. 그러나 라운드를 하다 보면 조금씩 변형되면서 라운드가 끝날 무렵에는 처음과 크게 달라지는 경우가 많다. 발의 위치를 점검하려면 클럽 하나를 왼발 뒤꿈치와 수평이 되도록 하고 또 다른 클럽은 두 발 앞에 놓는다. 이런 상태에서 공의 위치를 보면 정상적인 위치보다 몇 인치 앞에 있거나 뒤에 있는 것을 알 수 있다. 자신의 평상 시 자세로 공을 치다가 도중에 이 같은 방법으로 발의 위치를 점검해 보면 문제점을 발견할 수 있을 것이다.

샌디 라일

"골프가 잘 안 되고 있을 때 다양한 조언이 담긴 수백 통의 편지를 받았다. 한 친구
는 영국인으로 태어난 것이 얼마나 좋은 것인지를 상기시켜 주는 전쟁 영화 비디오를
보내 오기도 했다."

양손을 함께

　대부분의 아마추어들은 왼손 그립을 강하게 잡는 경향이 있다. 손가락이 시작되는 너
클 부분이 3~4개까지 보이도록 그립을 잡고 시작한다. 이로 인해 오른손이 편안하게 왼
손 위에 겹쳐져 잡을 수 없게 된다. 따라서 왼손이 모든 것을 주도하게 되어 미스 샷이 나
오는 것이다. 백 스윙에서는 클럽 페이스가 클로스되고 이 상태로 임팩트가 이루어져서
거의 모든 샷이 훅이 나고 만다. 그렇다면 어떻게 그립을 잡을 것인가. 이 점에 대해서 샌
디 라일은 양손을 함께 하여 그립을 할 것을 강조한다. 볼 뒤에 직각으로 클럽을 놓고 양
손바닥이 서로를 향하게 마주댄다. 이때 왼손등은 너클이 하나나 하나 반쯤 보이게 될 것
이다. 이 상태로 그립을 잡아야 새끼손가락 밑부분이 중지의 가운데쯤 위치하게 된다. 일
반적으로 왼손으로만 스윙해야 한다고 하지만, 골프의 이론은 어느 하나가 모두에게 적
용되지 않는 것도 있다. 프로의 경지에 오르면 오른손의 역할이 커지는 것은 이 때문이
다.

닉 팔도

"항시 모든 사람들을 즐겁게 해줄 수 없다는 것을 인정해야 한다. 언젠가 스코틀랜드와 그 사람들, 시골 풍경, 오트밀까지 사랑한다고 말했다. 그 뒤 얼마 지나지 않아 한 신문 기자가 왜 스코틀랜드를 싫어하느냐고 물었다."

무릎을 고정하라

닉 팔도는 다리를 단단히 하는 것이 매우 중요하다고 강조한다. 다리, 특히 무릎이 흔들리면 머리가 고정될 수 없기 때문이다. 단단한 하체의 기반을 가지고 있는 것이 단단한 스윙의 기초가 된다. 튼튼한 하체의 기반을 닦기 위해 거창하게 웨이트 트레이닝까지 할 필요는 없다고 해도 다리를 고정시키기 위해서 다리 근육이 저항감을 느낄 정도로 약간의 긴장감을 주는 것은 필요하다.

잭 니클로스

"1986년 6번째 마스터스에서 우승하고 나서 나는 잠시나마 또다시 우승할 수 있을 것이라고 생각했다. 그런데 내게는 필요한 것들이 아무 것도 없었다. 그때 나는 마음을 비웠다. 아직도 내가 15년 전과 같이 잘할 수 있다고 생각한다면 어리석은 일이다."

타깃 라인에 마크를 하라

250야드 떨어진 곳의 타깃을 맞추는 것보다는 3피트짜리 타깃을 맞추기 쉬운 것은 당연하다. 그런데 아마추어들은, 확실하게 볼 수 없는 먼 거리의 목표에 정렬하려고 한다. 잭 니클로스는, 이 점에 대해, 정확하게 정렬하기 위해 볼 앞 타깃 선상에 있는 잔디 잎이나 작은 돌멩이, 잡초 등을 이용하라고 조언한다. 즉 멀리 있는 타깃이 아니라 그 선상에 있는 점과 볼을 이어서 라인을 그리고 그 라인에 정렬하는 것이다. 단순히 그린, 핀 또는 무엇이든 멀리 있는 것을 보고 나서 볼을 보려는 경향은 결코 목표 지점으로 정확하게 보낼 수 없다. 볼 앞에 잔디 잎이나 돌, 또는 잡초를 목표로 정하여 스윙하는 것은 니클로스뿐만 아니라 많은 프로들이 정렬하는 방법이다.

프랭크 노빌로

1960년 뉴질랜드 태생인 노빌로는 밥 찰스가 왼손잡이로 유명했던 이래 뉴질랜드에서 떠오른 최고의 골퍼다. 노빌로는 유럽과 다른 지역에서도 여러 차례 우승했으며, 특히 일시적으로 시합이 중단되었다가 재개될 때 좋은 스코어를 내는 것이 특징이다.

기찻길 이론을 이용한 셋 업

아마추어에게 항상 강조하는 것이 셋 업이다. 노빌로 역시 프로암 경기 때 빼놓지 않고 지적하는 것이 셋 업이지만 이들은 대부분은 오른쪽을 향해 친다. 몸을 왼쪽으로 돌려 주지 못하고 팔로만 가로질러 치기 때문에 슬라이스가 날 수밖에 없다. 반대로 프로들은 훅 때문에 애를 먹는다. 이유는 셋 업 할 때 몸통의 중심 쪽에 힘을 집중하며 또 임팩트 뒤에 몸을 너무 많이 돌리기 때문이다. 다음은 좋은 셋 업을 하기 위한 노빌로의 조언이다.

먼저 클럽 하나를 목표 방향으로 놓는다. 이어 몸은 목표 지점에서 20야드 왼쪽을 향하도록 하며, 무릎·어깨·히프를 몸과 일치하도록 정렬한다. 이것을 기찻길 이론이라고 하는데 방향성을 개선하는 데 큰 도움이 된다. 문제는 눈의 착각 때문이다. 대부분의 아마추어는 목표 지점을 일직선상으로 보지만 실제로 몸은 목표 지점과 직선 상이 아니라 수평이 되어야 한다. 이런 셋 업이 이루어지지 않기 때문에 옆에서 앞으로 가로질러 치려하는 것이다.

스티브 페이트

1961년 캘리포니아 태생인 페이트는 1991년 라이더컵 무도회에 가던 중 자동차 사고로 부상을 당하는 등 온갖 좋지 않은 일들로 기사 거리가 되었다. 그러나 이것은 그의 불우했던 때의 이야기며, 최근에 들어서는 성공을 거둔 케이스이다.

스윙을 따라 게임을 풀어라

아무도 예측할 수 없는 것이 골프다. 이것이 골프를 재미있게 하고 또 한편으로는 절망스럽게 하는 요인 가운데 하나다. 어느 날은 리듬이나 타이밍이 좋고 결과도 좋다. 그림 같은 샷들이 이어지며 베스트 스코어가 나오는 것도 이런 날이다. 다음날도 어제와 같은 희망을 가지고 티잉 그라운드에 올라서지만 어찌된 일인지 리듬도 템포도 모두 엉망이 되고 만다. 이것은 최고의 프로들도 마찬가지다. 프로가 다른 것은 이런 불운한 날에도 합리적으로 스코어를 내는 능력이 있다는 것이다. 그 방법 가운데, 스티브 페이트가 제시하는 한 가지는 코스에서 만들어지는 자신의 스윙과 싸우려고 하지 말라는 것이다. 예를 들면 페이트는 가끔 악성 슬라이스가 생길 때면 이 슬라이스 구질을 가지고 그대로 플레이한다. 코스에서 당장 스윙을 교정하려고 하지 않는다는 것이다. 즉석에서 스윙을 교정하려다 보면 더 나쁜 스윙이 나와 슬라이스보다 더 나쁜 결과가 생기는 것이다. 어느 날 어떤 문제가 생기더라도 그 날의 스윙을 받아들여서 게임을 해야 한다. 또한 타이밍을 맞추지 못해 여느 때와 같이 볼을 깨끗이 때리지 못할 때는 한 클럽을 내려 잡는다. 5번 아이언이 너무 두텁게 맞거든 4번 아이언을 잡고 평상시 5번 아이언으로 보내던 거리를 치는 것이다. 그렇게 게임을 끝낸 뒤에는 바로 연습장에 가서 잘못을 찾아내어 교정하는 것이다. 스윙 교정은 코스가 아니라 연습장이어야 한다는 뜻이다. 코스는 플레이하는 곳이다. 그 날 스윙의 성격에 맞추어서 플레이를 하라.

샘 토런스

    1953년 스코틀랜드 태생인 토런스는 최초로 유럽이 미국을 이겼던 1985년 벨프리 라이더컵 대회에서 승리의 버디 퍼팅을 성공시켰던 장본인이다. 프로의 아들로 태어난 그의 골프에 대한 의욕은 시작부터 대단했다. 1981년부터 6번이나 계속해서 라이더컵 대표로 활약한 것은 골프에 대한 그의 열정의 하이라이트였다. 그는 17세이던 1970년에 프로에 입문해, 유럽 투어에서 수많은 타이틀을 쟁취했다.

계란 2개를 잡는 것처럼

    샘 토런스가 우리에게 주는 조언 가운데 하나는 어드레스에서 클럽을 가볍게 잡으라는 것이다. 이유는 백 스윙을 할 때 자동적으로 팔과 몸이 팽팽해지기 때문이다. 어드레스 때 그립을 너무 꽉 잡으면 백 스윙 톱에서 지나치게 굳어지며 긴장되어 감각과 컨트롤을 함께 잃어버리게 된다. 샘 토런스는 어드레스에서 달걀 두 개를 잡는 것처럼 하라고 조언한다. 너무 강하게 잡으면 클럽 헤드 무게를 느낄 수 없다. 가볍게 잡는다고 해서 클럽이 손에서 빠져나갈까 걱정할 필요는 없다. 백 스윙시 그립은 저절로 잡아지게 되기 때문이다.

퍼지 죌러

1951년 미국 인디아나 태생인 퍼지 죌러는 자신의 본명인 프란시스 어반 죌라의 머리글자 때문에 퍼지라는 별명이 붙었다. US 오픈과 마스터스의 우승자이기도 한 그는 외향적 성격이어서 사람들을 즐겁게 해주길 좋아하여 전세계의 갤러리들에게 인기가 있다. 수많은 투어 우승 기록을 가지고 있는데, 만일 1980년대 중반 이후 심각한 허리 통증으로 대회 참가를 제한 받지 않았더라면 더 좋은 기록을 낼 수 있었을 것이다.

한 클럽 길게 잡아라

퍼지 죌러는 아마추어와 라운드할 때 항상 그들이 한 클럽을 짧게 선택한다는 점을 지적한다. 즉, 볼을 쳐서 보내고 싶은 거리를 판단하고 볼을 그만큼 보내기 위해서 어떤 클럽을 사용할 것인지 결정할 때, 자신이 볼 앞에서 느끼는 것보다 한 클럽 더 긴 것을 선택하라고 말하는 것이다. 예를 들어 그린까지 5번 아이언이 필요하다고 생각되면 4번 아이언으로 치라는 것이다. 아마추어가 잘 친 볼이 그린을 지나가는 경우가 얼마나 되는가? 그들은 자신이 최선의 샷을 하리라 생각하지만, 사실은 거의 대부분 타깃에 못 미치게 된다. 그러므로 클럽을 긴 것으로 바꿔야 하고 이것이 게임의 흐름을 바꾼다.

호세 마리아 올라사발

　1966년 스페인 태생인 올라자발은 세베 바예스테로스의 뒤를 이은 스페인 간판 스타이다. 브리티시 오픈 이후 1985년 프로가 되기 전에 아마추어로서 영국, 스페인, 이탈리아, 그리고 벨지움 타이틀을 휩쓸었다. 1986년 유럽 투어에서 승수를 쌓기 시작했으며, 특히 1994년과 1999년 마스터스 정상을 차지, 세계 톱 프로 반열에 올랐다.

자신의 스윙을 비디오에 담아서 보라

　아마추어들은 어떤 것을 스윙의 기준으로 삼고 플레이할 것인지보다 먼저 자신의 스윙을 이해하는 것이 중요하다. 자신이 어떻게 스윙하는가를 알아야만 발전을 기대할 수 있기 때문이다. 스윙의 기본 이론에 대한 충분한 이해가 필수적이다. 그리고 모든 스윙은 어딘가가 다르기 때문에 자신의 스윙을 연구할 시간을 가져야 한다. 이에 올리자발은, 게임이 제대로 풀리지 않을 때면 자신의 스윙을 비디오로 찍어서 봐야 한다고 조언한다. 게임이 잘될 때의 스윙과 비교해 보라는 것이다.

　따라서 모든 것이 잘될 때의 스윙도 비디오에 담아 두어야 한다. 자신의 능력으로 게임이 가장 잘될 때 어떻게 스윙하고 있는가를 보고 또 보아야 한다. 여기에서 배울 점은, 기량을 향상시키기 위해서는 자신이 무엇을 해야 할 것인지를 알고 있어야 한다는 것이다. 무엇을 해야 할 것인지를 모르고 연습장에 막연히 가는 것은 아무 의미가 없다. 그러나 자신의 스윙을 잘 알게 되면 무엇이 잘못되었는지 찾아낼 수 있다. 그래야 잘못을 고치고 게임이 향상될 수 있다.